GW00839050

Funded by the EU-China Managers Exchange and Training Programme
中国—欧盟经理人交流培训项目资助

Winning in China
— Business Chinese

赢在中国 成功篇 Advanced
——商务汉语系列教程

- 编委会主任　王正富

- 编委会委员　曹红月　王福明　韩维春　季　瑾　李英海

- 主编　季　瑾

- 编者　季　瑾　张建英　李志娜　卢　莹

　　　　李小萌　潘景景　杨康丽

- 译者　黄震华

北京语言大学出版社
BEIJING LANGUAGE AND CULTURE
UNIVERSITY PRESS

图书在版编目(CIP)数据

赢在中国：商务汉语系列教程. 成功篇/季瑾主编
—北京：北京语言大学出版社，2011.2（2016.8 重印）
ISBN 978-7-5619-2978-0

Ⅰ.①赢… Ⅱ.①季… Ⅲ.①商务－汉语－对外汉语
教学－教材 Ⅳ.①H195.4

中国版本图书馆 CIP 数据核字（2011）第 020342 号

封面图片来源：gettyimages

书　　名：	赢在中国——商务汉语系列教程·成功篇	
责任印制：	汪学发	

出版发行：**北京语言大学出版社**

社　　址：	北京市海淀区学院路 15 号	邮政编码：100083
网　　址：	www. blcup. com	
电　　话：	发行部　82303650/3591/3651	
	编辑部　82303647	
	读者服务部　82303653	
	网上订购电话　82303908	
	客户服务信箱　service@ blcup. com	
印　　刷：	北京联兴盛业印刷股份有限公司	
经　　销：	全国新华书店	

版　　次：	2011 年 2 月第 1 版　2016 年 8 月第 3 次印刷
开　　本：	889 毫米×1194 毫米　1/16　印张：15.5
字　　数：	317 千字
书　　号：	ISBN 978-7-5619-2978-0/H·11016
定　　价：	48.00 元

凡有印装质量问题，本社负责调换。电话：82303590

目 录
CONTENTS

第一单元 UNIT 1	招标投标 Tendering and bidding

课文一 **Text 1**：投标时要准备哪些文件　　　　　　　2

What documents are needed when submitting a tender

注释 **Notes**：

　1. 成语"一举两得" The idiom "一举两得"

　2. 后缀"度" The suffix "度"

　3. 习惯用语"以茶代酒" The idiom "以茶代酒"

课文二 **Text 2**：我们公司中标了　　　　　　　　　10

Our company won the bid

注释 **Notes**：

　1. 介词"由"（复习） The preposition "由" (Review)

　2. 副词"怪不得"（复习） The adverb "怪不得" (Review)

　3. 动词"多亏" The verb "多亏"

　4. 动词"没戏" The verb "没戏"

　5. 动词短语"做功课" The verbal phrase "做功课"

　6. "哪儿啊"表否定 "哪儿啊" indicates negation

练习 **Exercises**　　　　　　　　　　　　　　20

编写说明
Preface

《赢在中国——商务汉语系列教程》（成功篇）共 8 个单元，每个单元包括课文、生词、注释和练习等几个部分，书后有生词总表。

（1）课文

课文以几位海外商务人士参与商务活动为主线，尽可能展示真实的社会生活场景。课文以情景对话的形式来传达社会生活信息及商务知识。

（2）生词

本册教材有550多个生词，每个词语均配有拼音和英文翻译。

（3）注释

本教材的注释是综合性的，按照课文中所学难点出现的顺序来标注，注释包括语法、习惯用法、文化常识、商务常识等内容。

（4）练习

练习包括机械操练、结构功能训练和商务交际训练三部分。练习类型各课基本一致，题型基本固定，前后练习统一，体现出训练的系统性。有时根据语言点的不同，题型略有差别。

每一课练习的前四项均为生词及课文朗读，目的在于通过语音上的机械性强化，既解决学习者的语音问题，又帮助学习者在语音累积中获得语感。

结构功能训练是为学习者熟悉、掌握教材中的汉语词汇和句型而设计的。此部分练习不追求难度，如"替换练习"重在拓宽学习者的词汇视野、增加他们的语用信息，所以将示范的句型拆分开来，并列举出其他的使用情况，降低了难度。

练习的重点是商务交际训练，这主要体现在"完成任务"的练习中。我们设计了任务目标，既让学习者学以致用，调动自身已积累的语言能力来实战演练，也让学习者在"做中学"，培养学生在真实交际环境中的商务汉语交际能力，实现教学任务和现实世界社会经济生活的结合。

（5）教学建议

建议用 8 ～ 10 课时完成一个单元的教学。本教材信息量大，内容分布广，练习设计具有一定的弹性，在教学过程中，可根据学习者的实际水平和教学安排灵活掌握。在教学内容方面，各单元专题式的课文是相对独立的，教学者可以根据学习周期的长短和学生的兴趣灵活选用。在练习方面，结构功能训练中的"用下面的词语组成句子"可以只要求学生口头完成以降低难度，"完成任务"的训练中，任务的要求可以富于弹性。对于水平高的学习者，可以让他们多完成一些任务，要求更多一些；而对水平相对低一些的学习者，则可以降低要求，少完成一些任务或者将任务简化。

另外，建议学习者充分利用随书附赠的录音光盘，每次学习后至少能够听一遍，有时间再看着书听一遍、跟读一遍。最好每天听一遍课文录音、读一遍课文，每周至少能够听两次录音。以听带说，以听带读，这样可以帮助学习者强化学习效果，培养语感，从而综合提升听说的能力。

教材中如有任何不当之处，敬请读者予以指正，以便进一步修订。

对外经济贸易大学　季瑾

2010 年 9 月于惠园

词类简称表
Abbreviations of parts of speech

缩写 Abbreviations	英文全称 Parts of speech in English	词类名称 Parts of speech in Chinese	拼音 Parts of speech in *pinyin*
Adj	Adjective	形容词	xíngróngcí
Adv	Adverb	副词	fùcí
AP	Aspect Particle	动态助词	dòngtài zhùcí
Conj	Conjunction	连词	liáncí
IE	Idiomatic Expression	习惯用语	xíguàn yòngyǔ
Int	Interjection	叹词	tàncí
LN	Locality Noun	方位词	fāngwèicí
M	Measure Word	量词	liàngcí
MdPt	Modal Particle	语气助词	yǔqì zhùcí
N	Noun	名词	míngcí
Nu	Numeral	数词	shùcí
Ono	Onomatopoeia	象声词	xiàngshēngcí
OpV	Optative Verb	能愿动词	néngyuàn dòngcí
PN	Proper Noun	专有名词	zhuānyǒu míngcí
Pr	Pronoun	代词	dàicí
Pref	Prefix	词头	cítóu
Prep	Preposition	介词	jiècí
Pt	Particle	助词	zhùcí
PW	Place Word	地点词	dìdiǎncí
Q	Quantifier	数量词	shùliàngcí
QPr	Question Pronoun	疑问代词	yíwèn dàicí
QPt	Question Particle	疑问助词	yíwèn zhùcí
StPt	Structural Particle	结构助词	jiégòu zhùcí
Suf	Suffix	词尾	cíwěi
TW	Time Word	时间词	shíjiāncí
V	Verb	动词	dòngcí
V//O	Verb-object Compound	离合词	líhécí

语法术语简称表
Abbreviations of grammatical terms

缩写 Abbreviations	英文全称 Grammatical terms in English	语法术语 Grammatical terms in Chinese	拼音 Grammatical terms in *pinyin*
S	Subject	主语	zhǔyǔ
P	Predicate	谓语	wèiyǔ
O	Object	宾语	bīnyǔ
Attr	Attribute	定语	dìngyǔ
A	Adverbial	状语	zhuàngyǔ
Comp	Complement	补语	bǔyǔ
NP	Noun Phrase	名词短语	míngcí duǎnyǔ
VP	Verbal Phrase	动词短语	dòngcí duǎnyǔ
PP	Prepositional Phrase	介词短语	jiècí duǎnyǔ
V O	Verb-object Phrase	动宾短语	dòng-bīn duǎnyǔ
	Declarative Sentence	陈述句	chénshùjù
	Interrogative Sentence	疑问句	yíwènjù
	Affirmative Sentence	肯定句	kěndìngjù
	Negative Sentence	否定句	fǒudìngjù
	General Interrogative Sentence	一般疑问句	yìbān yíwènjù
	Special Interrogative Sentence	特殊疑问句	tèshū yíwènjù
	Yes-or-no Question	是非疑问句	shìfēi yíwènjù
	Affirmative and Negative Question	正反疑问句	zhèngfǎn yíwènjù

主要人物介绍
Introduction to the main characters

Kǎ'ěr	Kāng Àilì	Lǐ Míngming	Zhāng Yuǎn
卡尔	康爱丽	李明明	张远
Karl Hofmann	**Alice Clement**	**Li Mingming**	**Zhang Yuan**

卡　尔——男，德国人，欧盟经理人；

康爱丽——女，法国人，欧盟经理人；

李明明——女，中国人，对外经济贸易大学国贸专业本科三年级学生；

张　远——男，中国人，对外经济贸易大学MBA二年级学生。

　　康爱丽、卡尔都是来北京接受汉语培训的欧盟经理人，李明明和张远是他们在对外经济贸易大学认识的朋友。

Ka'er—Karl Hofmann, male, a German manager from the European Union;

Kang Aili—Alice Clement, female, a French manager from the European Union;

Li Mingming—female, a Chinese junior majoring in International Trade at the University of International Business and Economics;

Zhang Yuan—male, a Chinese MBA sophomore at the University of International Business and Economics.

　　Both Ka'er (Karl) and Kang Aili (Alice) are managers from the European Union who came to Beijing for the training of Chinese language. Li Mingming and Zhang Yuan are their friends at the University of International Business and Economics.

课文 Text	题目 Title	注释 Notes
一	投标时要准备哪些文件 What documents are needed when submitting a tender	1. 成语 "一举两得" The idiom "一举两得" 2. 后缀 "度" The suffix "度" 3. 习惯用语 "以茶代酒" The idiom "以茶代酒"
二	我们公司中标了 Our company won the bid	1. 介词 "由"（复习） The preposition "由" (Review) 2. 副词 "怪不得"（复习） The adverb "怪不得" (Review) 3. 动词 "多亏" The verb "多亏" 4. 动词 "没戏" The verb "没戏" 5. 动词短语 "做功课" The verbal phrase "做功课" 6. "哪儿啊" 表否定 "哪儿啊" indicates negation

Tóubiāo Shí Yào Zhǔnbèi Nǎxiē Wénjiàn

投标时要准备哪些文件

What documents are needed when submitting a tender

课文一 Text 1

> 卡尔约张远和他的女朋友小宋在茶楼喝茶，想向他们请教一些商务汉语的问题。他们约好下午三点见面。卡尔来早了，就看起报纸来。

● 张 远：嘿，卡尔，你早就来了吧？

○ 卡 尔：没多久。我不像你们是大忙人，我在看报纸学汉语呢。喝点儿什么？

● 张 远：来壶绿茶怎么样？

○ 卡 尔：好啊。（点完茶以后）我刚看到一则采购电脑的招标公告。

● 小 宋：是吗？快让我看看！（接过报纸）这个集团要购买一大批电脑！

○ 卡 尔：这可是一笔大生意！

● 张 远：想投标的公司一定不少。

2

○ 卡　尔：小宋，你有什么想法？

● 小　宋：明天开业务会，我想建议老板关注这个项目。

○ 卡　尔：我想你们老板一定会参加投标的。

● 张　远：先还不能投标。招标方要先对有投标意向的厂商或供应商进行资格预审，保证把标书只给能胜任的申请人。

○ 卡　尔：获得资格后，参加投标的厂商要做什么？

● 小　宋：投标人购买标书，向招标人提供投标的文件，同时交纳投标保证金。

○ 卡　尔：那投标时要准备哪些文件？

● 张　远：应标函、投标者资格文件、资信证明、投标项目方案说明和投标设备数量价目表等。

○ 卡　尔：投标者资格文件包括哪些？

● 张　远：一般是营业执照副本、税务登记证副本、法定代表人证明书和授权委托书等。

○ 卡　尔：还有一个问题，投标的程序是什么？

● 张　远：（看着小宋）你说吧。

○ 小　宋：投标人投标，招标人开标，接着投标人再竞标，这时，招标人会组建评标委员会评标，最后根据委员会的方案定标。

● 卡　尔：我觉得你们参加投标可以一举两得，既能赚钱，又能提高公司的知名度。

○ 小　宋：对，这是展示公司实力的好机会。

● 卡　尔：今天我学到了很多东西。谢谢你们！

○ 张　远：如果你对这方面感兴趣，可以看看《中华人民共和国招标投标法》。还有，"中国采购与招标网"上也有很多信息。

● 卡 尔：谢谢！

○ 小 宋：我更应该谢谢你，提供了这么有用的信息。今天我请客。

● 卡 尔：谢谢！以茶代酒，预祝你们成功，干杯！

○ 张 远、小 宋：干杯！

Kǎ'ěr yuē Zhāng Yuǎn hé tā de nǚpéngyou Xiǎo Sòng zài chálóu hē chá, xiǎng xiàng tāmen qǐngjiào yìxiē shāngwù Hànyǔ de wèntí. Tāmen yuēhǎo xiàwǔ sān diǎn jiànmiàn. Kǎ'ěr láizǎo le, jiù kànqǐ bàozhǐ lái.

● Zhāng Yuǎn: Hēi, Kǎ'ěr, nǐ zǎo jiù láile ba?

○ Kǎ'ěr: Méi duō jiǔ. Wǒ bú xiàng nǐmen shì dàmángrén, wǒ zài kàn bàozhǐ xué Hànyǔ ne. Hē diǎnr shénme?

● Zhāng Yuǎn: Lái hú lǜchá zěnmeyàng?

○ Kǎ'ěr: Hǎo a. (Diǎnwán chá yǐhòu) Wǒ gāng kàndào yì zé cǎigòu diànnǎo de zhāobiāo gōnggào.

● Xiǎo Sòng: Shì ma? Kuài ràng wǒ kànkan! (Jiēguò bàozhǐ) Zhège jítuán yào gòumǎi yí dà pī diànnǎo!

○ Kǎ'ěr: Zhè kě shì yì bǐ dà shēngyi!

● Zhāng Yuǎn: Xiǎng tóubiāo de gōngsī yídìng bù shǎo.

○ Kǎ'ěr: Xiǎo Sòng, nǐ yǒu shénme xiǎngfǎ?

● Xiǎo Sòng: Míngtiān kāi yèwùhuì, wǒ xiǎng jiànyì lǎobǎn guānzhù zhège xiàngmù.

○ Kǎ'ěr: Wǒ xiǎng nǐmen lǎobǎn yídìng huì cānjiā tóubiāo de.

● Zhāng Yuǎn: Xiān hái bù néng tóubiāo. Zhāobiāofāng yào xiān duì yǒu tóubiāo yìxiàng de chǎngshāng huò gōngyìngshāng jìnxíng zīgé yùshěn, bǎozhèng bǎ biāoshū zhǐ gěi néng shèngrèn de shēnqǐngrén.

○ Kǎ'ěr: Huòdé zīgé hòu, cānjiā tóubiāo de chǎngshāng yào zuò shénme?

● Xiǎo Sòng: Tóubiāorén gòumǎi biāoshū, xiàng zhāobiāorén tígōng tóubiāo de wénjiàn, tóngshí jiāonà tóubiāo bǎozhèngjīn.

○ Kǎ'ěr: Nà tóubiāo shí yào zhǔnbèi nǎxiē wénjiàn?

● Zhāng Yuǎn: Yìngbiāohán、tóubiāozhě zīgé wénjiàn、zīxìn zhèngmíng、tóubiāo xiàngmù fāng'àn shuōmíng hé tóubiāo shèbèi shùliàng jiàmùbiǎo děng.

○ Kǎ'ěr: Tóubiāozhě zīgé wénjiàn bāokuò nǎxiē?

● Zhāng Yuǎn: Yìbān shì yíngyè zhízhào fùběn、shuìwù dēngjìzhèng fùběn、fǎdìng dàibiǎorén zhèngmíngshū hé shòuquán wěituōshū děng.

○ Kǎ'ěr: Hái yǒu yí ge wèntí, tóubiāo de chéngxù shì shénme?

● Zhāng Yuǎn: (Kànzhe Xiǎo Sòng) Nǐ shuō ba.

○ Xiǎo Sòng: Tóubiāorén tóubiāo, zhāobiāorén kāibiāo, jiēzhe tóubiāorén zài jìngbiāo, zhèshí, zhāobiāorén huì zǔjiàn píngbiāo wěiyuánhuì píngbiāo, zuìhòu gēnjù wěiyuánhuì de fāng'àn dìngbiāo.

● Kǎ'ěr: Wǒ juéde nǐmen cānjiā tóubiāo kěyǐ yì jǔ liǎng dé, jì néng zhuàn qián, yòu néng tígāo gōngsī de zhīmíngdù.

○ Xiǎo Sòng: Duì, zhè shì zhǎnshì gōngsī shílì de hǎo jīhui.

● Kǎ'ěr: Jīntiān wǒ xuédàole hěn duō dōngxi. Xièxie nǐmen!

○ Zhāng Yuǎn: Rúguǒ nǐ duì zhè fāngmiàn gǎn xìngqù, kěyǐ kànkan 《Zhōnghuá Rénmín Gònghéguó Zhāobiāo Tóubiāo Fǎ》, hái yǒu, "Zhōngguó Cǎigòu yǔ Zhāobiāo Wǎng" shang yě yǒu hěn duō xìnxī.

● Kǎ'ěr: Xièxie!

○ Xiǎo Sòng: Wǒ gèng yīnggāi xièxie nǐ, tígōngle zhème yǒuyòng de xìnxī. Jīntiān wǒ qǐngkè.

● Kǎ'ěr: Xièxie! Yǐ chá dài jiǔ, yùzhù nǐmen chénggōng, gānbēi!

○ Zhāng Yuǎn、Xiǎo Sòng: Gānbēi!

※·※

Karl has invited Zhang Yuan and his girlfriend Xiao Song to have tea in a teahouse and wants to ask them some questions about Business Chinese. They have agreed to meet there at 3 p.m. Karl comes early and is reading a newspaper.

● Zhang Yuan: Hey, Karl, you've been here for quite a while, right?

○ Karl: Not really. I am not as busy as you are. I am reading the newspaper to learn Chinese. What would you like to drink?

● Zhang Yuan: What about green tea?

○ Karl: Good. (after ordering the tea) I just read a tender notice for the procurement of computers.

● Xiao Song: Really? Let me have a look. (taking over the newspaper) This business group is going to purchase a large number of computers.

○ Karl: This will be a big deal.

● Zhang Yuan: There must be a lot of companies itching to bid for it.

○ Karl: Xiao Song, what do you think?

● Xiao Song: I'll ask my boss to pay close attention to the project at the meeting tomorrow.

○ Karl: I think your boss will definitely participate in the bidding.

● Zhang Yuan: We cannot bid yet. The tenderee will conduct pre-qualification of the manufacturers or suppliers who intend to bid so as to ensure that the tender papers are only distributed to the qualified applicants.

○ Karl: What does the bidding manufacturer have to do after being qualified?

● Xiao Song: The bidder will buy the tender papers, submit the bidding documents to the tenderee and pay the bid bond.

○ Karl: What are the documents the bidder need to prepare?

● Zhang Yuan: The responding letter, bidder's qualification documents, credit certification, tender program description, list of equipment and the price list, etc.

○ Karl: What do the tender's qualification documents include?

● Zhang Yuan: Generally speaking, they include a copy of business license, a copy of the tax registration certificate, a certificate of the legal representative and a letter of attorney.

○ Karl: There is another question. What is the procedure for bidding?

● Zhang Yuan: (turning to Xiao Song) Tell him, please.

○ Xiao Song: Firstly the bidders send their bids, and the tenderee opens the sealed bids. Then the bidders enter the competitive bidding. At this time, the tenderee will form an evaluation committee to conduct the evaluation. Finally, the successful bidder is chosen based on the proposal of the committee.

● Karl: In my opinion, your participation in the bid is like "killing two birds with one stone". You will earn money and increase the popularity of your company.

○ Xiao Song: Yes, this is a good opportunity to showcase the company.

● Karl: Today I have learned a lot. Thank you very much.

○ Zhang Yuan: If you are interested in this area, please refer to *Law of the People's Republic of China on Tenders and Bids*. What's more, please visit www.chinabidding.com.cn. for more information.

● Karl: Thank you.

○ Xiao Song: I cannot thank you enough for providing such useful information for me. Please be my guests today.

● Karl: Thanks! Let's use this to toast. Wish you success. Bottoms up!

○ Zhang Yuan、Xiao Song: Cheers!

生词 Shēngcí New Words

1. 投标	tóu biāo	V//O	to enter a bid
2. 壶	hú	N	pot
3. 绿茶	lǜchá	N	green tea
4. 采购	cǎigòu	V	to purchase
5. 招标	zhāo biāo	V//O	to invite tenders
6. 公告	gōnggào	N	notice, announcement
7. 招标方	zhāobiāofāng	N	tendering party
8. 厂商	chǎngshāng	N	manufacturer
9. 供应商	gōngyìngshāng	N	supplier
10. 资格	zīgé	N	qualification
11. 预审	yùshěn	V	to conduct pre-qualification
12. 保证	bǎozhèng	V	to ensure
13. 标书	biāoshū	N	tender paper, bidding document
14. 投标人	tóubiāorén	N	tenderer, bidder
15. 招标人	zhāobiāorén	N	tenderee

16. 交纳	jiāonà	V	to pay
17. 保证金	bǎozhèngjīn	N	bond, deposit
18. 应标	yìng biāo	V//O	to respond to offer of tender
19. 方案	fāng'àn	N	plan, program
20. 营业执照	yíngyè zhízhào		business license
21. 副本	fùběn	N	copy
22. 税务登记证	shuìwù dēngjìzhèng		tax registration certificate
23. 法定	fǎdìng	Adj	legal, statutory
24. 授权委托书	shòuquán wěituōshū		letter of attorney
25. 开标	kāi biāo	V//O	to open a sealed bid
26. 竞标	jìng biāo	V//O	to make a competitive bid
27. 组建	zǔjiàn	V	to form
28. 评标	píngbiāo	V	to make an evaluation of bid
29. 委员会	wěiyuánhuì	N	committee
30. 定标	dìng biāo	V//O	to choose the successful bidder to award the contract
31. 一举两得	yì jǔ liǎng dé		to gain two advantages by a single move, to kill two birds with one stone
32. 知名度	zhīmíngdù	N	popularity
33. 预祝	yùzhù	V	to wish
34. 干杯	gān bēi	V//O	to drink a toast

专有名词 Zhuānyǒu Míngcí **Proper Nouns**

1. 中华人民共和国招标投标法	Zhōnghuá Rénmín Gònghéguó Zhāobiāo Tóubiāo Fǎ	Law of the People's Republic of China on Tenders and Bids
2. 中国采购与招标网	Zhōngguó Cǎigòu yǔ Zhāobiāo Wǎng	www.chinabidding.com.cn

注释 Zhùshì **Notes**

1 我觉得你们参加投标可以一举两得。

In my opinion, your participation in the bid is like "killing two birds with one stone".

"一举两得"，成语，表示做一件事可以得到两种好处。例如：

"一举两得" is an idiom that expresses gaining two advantages by a single move. For example,

① 我觉得在中国旅游是一举两得的事，既能欣赏（xīnshǎng, to enjoy）风景，又能练习汉语口语。

② 在这里建厂（jiàn chǎng, to build a factory）一举两得，一是能降低成本，二是可以就地（jiùdì, on the spot）销售。

③ 今天吃了这么好吃的饭菜，又认识了新朋友，真是一举两得。

2 既能赚钱，又能提高公司的知名度。

You will earn money and increase the popularity of your company.

"度"，后缀，放在动词、形容词等的后面构成名词性词语。例如：

"度" is a suffix used after a verb or an adjective to form a noun phrase. For example,

① 这位总经理在行业中的知名度很高。

② 这些产品在白领（báilǐng, white collar）中的接受度很高。

③ 这些数据（shùjù, data）的准确度可能不太高。

④ 这次市场调查的内容是顾客对这批产品的满意度。

3 以茶代酒，预祝你们成功，干杯！ Let's use this to toast. Wish you success. Bottoms up!

"以茶代酒"，用茶来代替酒的意思，用在需要喝酒庆祝或表达情感的时候。没有酒、不能喝酒或不想喝酒，用别的东西来代替时，可以说"以……代酒"。

"以茶代酒" means drinking tea instead of wine. The expression is used when you need to drink a toast to celebrate or to express your feelings. If the speaker doesn't have or want to have wine, other drink is used instead and "以……代酒" is used.

2

Wǒmen Gōngsī Zhòngbiāo le

我们公司中标了

课文二 Text 2

Our company won the bid

> 张远和小宋来找卡尔，告诉他中标的好消息。碰巧李明明也在，他们一起高兴地聊了起来。

- 李明明：小宋，最近忙什么呢？
- 小　宋：我们公司参加了一个招标项目，由我负责。
- 李明明：怪不得上次聚会没见到你呢。
- 卡　尔：你们的招标项目怎么样了？
- 小　宋：我今天来就是要告诉你，我们公司中标了！
- 卡　尔：太好了！恭喜，恭喜！
- 李明明：小宋，这次是公开招标还是邀请招标？
- 卡　尔："邀请招标"？
- 张　远：就是招标方向国内、国外的制造商、供应商发出投标邀请函。

○卡　尔：咱们是在报纸上看到的，是公开发布的，那应该属于公开招标。

●李明明：卡尔，你是一有机会就学习商务汉语呀。

○小　宋：这次多亏卡尔提供了招标信息。我们今天就是来请他吃饭的。明明，你也跟我们一起去吧。

●李明明：好啊，我有口福了。合同签了吗？

○小　宋：签了。履约保证金都交过了。

●卡　尔：那没中标的公司就可以收到退还的投标保证金了。

○李明明：没错儿。小宋，你们中标的秘诀是什么？

●小　宋：定价。那可是一门艺术！

○卡　尔：对。定高了，没戏；定低了，赔本。

●李明明：定价确实重要，投标时是不能讨价还价的。

○小　宋：还有，他们对我们提供的售后服务也非常满意。

●张　远：我觉得知己知彼也很重要。

○小　宋：是的，我们做了很多功课，对招标方的需求和对手的情况都作了调查研究。

●卡　尔：你们这次赚了不少钱吧？

○小　宋：哪儿啊，为了中标，我们把价格压得很低，利润很少。

●李明明：薄利多销嘛。

○小　宋：是呀。不过，我们通过配套销售打印机、扫描仪什么的，增加了利润。

●卡　尔：你真有经济头脑！

○李明明：做生意不能只凭书本知识，还要能随机应变。

●张　远：时间不早了，我们去吃饭，边吃边聊，怎么样？

○李明明、卡　尔：好！

※·※

Zhāng Yuǎn hé Xiǎo Sòng lái zhǎo Kǎ'ěr, gàosu tā zhòngbiāo de hǎo xiāoxi. Pèngqiǎo Lǐ Míngming yě zài, tāmen yìqǐ gāoxìng de liáole qǐlai.

● Lǐ Míngming: Xiǎo Sòng, zuìjìn máng shénme ne?

○ Xiǎo Sòng: Wǒmen gōngsī cānjiāle yí ge zhāobiāo xiàngmù, yóu wǒ fùzé.

● Lǐ Míngming: Guàibude shàng cì jùhuì méi jiàndào nǐ ne.

○ Kǎ'ěr: Nǐmen de zhāobiāo xiàngmù zěnmeyàng le?

● Xiǎo Sòng: Wǒ jīntiān lái jiùshì yào gàosu nǐ, wǒmen gōngsī zhòngbiāo le!

○ Kǎ'ěr: Tài hǎo le! Gōngxǐ, gōngxǐ!

● Lǐ Míngming: Xiǎo Sòng, zhè cì shì gōngkāi zhāobiāo háishi yāoqǐng zhāobiāo?

○ Kǎ'ěr: "Yāoqǐng zhāobiāo"?

● Zhāng Yuǎn: Jiùshì zhāobiāofāng xiàng guónèi、guówài de zhìzàoshāng、gōngyìngshāng fāchū tóubiāo yāoqǐnghán.

○ Kǎ'ěr: Zánmen shì zài bàozhǐ shang kàndào de, shì gōngkāi fābù de, nà yīng gāi shǔyú gōngkāi zhāobiāo.

● Lǐ Míngming: Kǎ'ěr, nǐ shì yì yǒu jīhui jiù xuéxí shāngwù Hànyǔ ya.

○ Xiǎo Sòng: Zhè cì duōkuī Kǎ'ěr tígōngle zhāobiāo xìnxī. Wǒmen jīntiān jiù shì lái qǐng tā chī fàn de. Míngming, nǐ yě gēn wǒmen yìqǐ qù ba.

● Lǐ Míngming: Hǎo a, wǒ yǒu kǒufú le. Hétong qiānle ma?

○ Xiǎo Sòng: Qiān le. Lǚyuē bǎozhèngjīn dōu jiāoguo le.

● Kǎ'ěr: Nà méi zhòngbiāo de gōngsī jiù kěyǐ shōudào tuìhuán de tóubiāo bǎozhèngjīn le.

○ Lǐ Míngming: Méi cuòr. Xiǎo Sòng, nǐmen zhòngbiāo de mìjué shì shénme?

● Xiǎo Sòng: Dìngjià. Nà kě shì yì mén yìshù!

○ Kǎ'ěr: Duì. Dìnggāo le, méixì; dìngdī le, péiběn.

● Lǐ Míngming: Dìngjià quèshí zhòngyào, tóubiāo shí shì bù néng tǎo jià huán jià de.

○ Xiǎo Sòng: Hái yǒu, tāmen duì wǒmen tígōng de shòuhòu fúwù yě fēicháng mǎnyì.

● Zhāng Yuǎn: Wǒ juéde zhī jǐ zhī bǐ yě hěn zhòngyào.

○ Xiǎo Sòng: Shì de, wǒmen zuòle hěn duō gōngkè, duì zhāobiāofāng de xūqiú hé duìshǒu de qíngkuàng dōu zuòle diàochá yánjiū.

● Kǎ'ěr: Nǐmen zhè cì zhuànle bù shǎo qián ba?

○ Xiǎo Sòng: Nǎr a, wèile zhòngbiāo, wǒmen bǎ jiàgé yā de hěn dī, lìrùn hěn shǎo.

● Lǐ Míngming: Bó lì duō xiāo ma.

○ Xiǎo Sòng: Shì ya. Búguò, wǒmen tōngguò pèitào xiāoshòu dǎyìnjī, sǎomiáoyí shénmede, zēngjiāle lìrùn.

● Kǎ'ěr: Nǐ zhēn yǒu jīngjì tóunǎo!

○ Lǐ Míngming: Zuò shēngyi bù néng zhǐ píng shūběn zhīshi, hái yào néng suí jī yìng biàn.

● Zhāng Yuǎn: Shíjiān bù zǎo le, wǒmen qù chī fàn, biān chī biān liáo, zěnmeyàng?

○ Lǐ Míngming、Kǎ'ěr: Hǎo!

※・※

> Zhang Yuan and Xiao Song come to see Karl to tell him the good news that Song's company has won the bid. It happens that Li Mingming is there and they are chatting happily.

● Li Mingming: Xiao Song, what are you up to?

○ Xiao Song: Our company participated in a bidding project, and I was the one in charge.

● Li Mingming: No wonder I didn't see you at our last meeting.

○ Karl: How did your bidding go?

● Xiao Song: This is why I'm here today! Our company won the bid!

○ Karl: Wonderful! Congratulations!

● Li Mingming: Xiao Song, is this a public tender or an invitational tender?

○ Karl: "An invitational tender"?

● Zhang Yuan: An invitational tender means that a tenderer, in the form of invitation for submission of bid, invites domestic and foreign manufacturers and suppliers.

○ Karl: We read it on a newspaper. It was publicly announced, so it was a public tender.

● Li Mingming: Karl, you learn Business Chinese whenever you have a chance.

○ Xiao Song: Thanks to Karl, we learned the information about the tender this time, so we are inviting him to dinner today. Mingming, please join us.

● Li Mingming: Wonderful! It looks like I'll get a great feast. Did you sign the contract?

○ Xiao Song: Yes, we did. We have paid the performance bonds already.

● Karl: Then, the bid bond is refunded to the companies that didn't win the bid, right?

○ Li Mingming: Exactly. Xiao Song, would you mind telling us your secret of success?

● Xiao Song: Pricing. That is an art.

○ Karl: Right. If you set the price too high, you won't stand a chance; if too low, you'll suffer a financial loss.

● Li Mingming: Pricing is really important as you do not bargain when tendering.

○ Xiao Song: What's more, they are satisfied with our after-sale service.

● Zhang Yuan: I think it is also very important to know both ourselves and our rivals.

○ Xiao Song: Yes, we did our homework, investigating what the tenderees' needs and what situations our rivals are in.

● Karl: You must have made a lot of money this time.

○ Xiao Song: Not really. In order to win the bid, we set the price low, leaving only a small profit margin.

● Li Mingming: Small profit margin but quick turnover.

○ Xiao Song: Yes. However, we will increase the profit by selling the accompanying printers, scanners, etc.

● Karl: What a commercially minded person you are!

○ Li Mingming: To do business, what you need is not just book knowledge, but also adaptability.

● Zhang Yuan: It is getting late. Let's go and get something to eat. We can chat over the table. What do you say?

○ Li Mingming、Karl: All right.

生词 Shēngcí **New Words**

1. 中标	zhòng biāo	V//O	to win a bid
2. 公开	gōngkāi	Adj	public
3. 邀请	yāoqǐng	V	to invite
4. 制造商	zhìzàoshāng	N	manufacturer
5. 邀请函	yāoqǐnghán	N	letter of invitation
6. 多亏	duōkuī	V	thanks to
7. 口福	kǒufú	N	gourmet's luck
8. 履约	lǚyuē	V	to keep a promise, to fulfill a contract
9. 退还	tuìhuán	V	to return, to refund
10. 秘诀	mìjué	N	secret
11. 定价	dìngjià	N	pricing
12. 可	kě	Adv	*used for emphasis*
13. 门	mén	M	*a measure word for fields of study or technical training*
14. 艺术	yìshù	N	art
15. 没戏	méi xì	V//O	not to stand a chance
16. 赔本	péi běn	V//O	to suffer a financial loss
17. 讨价还价	tǎo jià huán jià		to bargain
18. 售后服务	shòuhòu fúwù		after-sale service
19. 功课	gōngkè	N	homework
20. 对手	duìshǒu	N	rival
21. 调查	diàochá	V	to investigate
22. 研究	yánjiū	V	to study, to research
23. 压	yā	V	to hold down
24. 利润	lìrùn	N	profit
25. 薄利多销	bó lì duō xiāo		small profit margin but quick turnover

26. 配套	pèi tào	V//O	to accompany
27. 打印机	dǎyìnjī	N	printer
28. 扫描仪	sǎomiáoyí	N	scanner
29. 头脑	tóunǎo	N	head, mind
30. 书本知识	shūběn zhīshi		book knowledge
31. 随机应变	suí jī yìng biàn		to adapt to the actual situation, to play to the score

注释 Zhùshì Notes

1 我们公司参加了一个招标项目，由我负责。

Our company participated in a bidding project, and I was the one in charge.

"由"，介词，引进动作的施事。例如：

"由" is a preposition that introduces the agent of an action. For example,

① 这个项目由王总经理负责。

② 外贸（wàimào, foreign trade）班的班长由小王担任。

③ 这次的参观由小钱陪同。

2 怪不得上次聚会没见到你呢。No wonder I didn't see you at our last meeting.

"怪不得"，副词，表示明白了原因，对某种情况就不觉得奇怪了。例如：

"怪不得" is an adverb, meaning someone doesn't feel strange after he knows the reason. For example,

① 怪不得你女朋友生气了，原来你忘了她的生日。

② 已经考完试了，怪不得李明明很轻松（qīngsōng, relaxed）。

③ 业务会取消了，怪不得会议室里没人。

3 这次多亏卡尔提供了招标信息。

Thanks to Karl, we learned the information about the tender this time.

"多亏"，动词，表示因为别人的帮助或某种有利的因素，得到了好处或是避免了不幸。例如：

"多亏" is a verb, meaning someone gains the advantage or avoids the misfortune thanks to the help of someone else or some favorable factors. For example,

① 这件事多亏了你的帮助。

② 多亏卡尔提供资料，我们才完成了这份报告。

③ 多亏你提醒（tíxǐng, to remind）我，要不然（yàobùrán, otherwise）我就忘带护照了。

4 定高了，没戏。If you set the price too high, you won't stand a chance.

"没戏"，动词，表示"没希望，不可能成功"。这是汉语的方言词，常用在口语中。例如：

"没戏" is a verb indicating be hopeless or impossible to succeed. This is a dialectal word commonly used in spoken Chinese. For example,

① 她这个人特别小气，你找她借钱，没戏。

② 这次比赛，对手太强了，我们队没戏了。

③ 他老想中大奖（zhòng dà jiǎng, to win the first prize），我看没戏。

④ 这个招标项目的竞争非常激烈，你们公司没戏。

5 我们做了很多功课。We did our homework.

"做功课"，原来是指学生做作业，后来用来指为了完成某事，在做之前了解情况、作准备。例如：

"做功课" originally refers to a student at school does the work at home; it later indicates to learn the situation and make a good preparation before doing something. For example,

① 要想谈判成功，就要在谈判前多做功课。

② 他事先（shìxiān, in advance）做了很多功课，终于在演讲（yǎnjiǎng, to lecture）比赛中获得（huòdé, to obtain）了第一名（dì yī míng, the first place）。

③ 小王一定是做了功课，要不然他在业务会上不会表现得这么好。

6 哪儿啊，为了中标，我们把价格压得很低，利润很少。

Not really. In order to win the bid, we set the price low, leaving only a small profit margin.

"哪儿啊"，用反问的语气回答对方。用在对话中，表示不同意对方的说法，事情不是对方说的那样，它后面的句子是对事情的解释。例如：

"哪儿啊" is used to retort the other party. It is used in a conversation to indicate the speaker disagrees with the other party or something is not like what the other party said. The sentence following the phrase is his explanation. For example,

①A：你们家的生活真不错！

　B：哪儿啊，这房子、车子都是贷款买的。

②A：你的老板很欣赏你呀！

　B：哪儿啊，他很会用人。

附：公开招标流程图

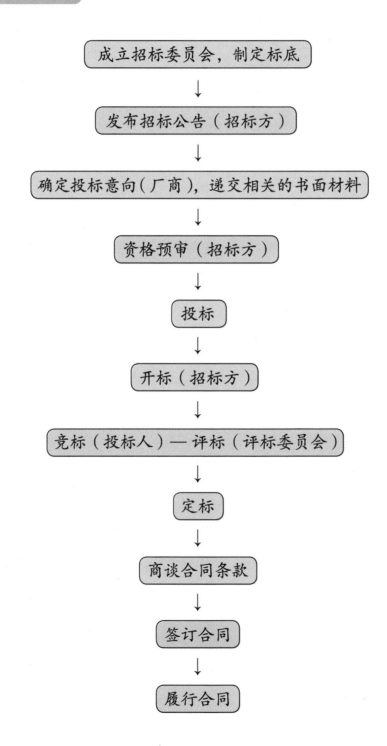

成立招标委员会，制定标底

↓

发布招标公告（招标方）

↓

确定投标意向(厂商)，递交相关的书面材料

↓

资格预审（招标方）

↓

投标

↓

开标（招标方）

↓

竞标（投标人）— 评标（评标委员会）

↓

定标

↓

商谈合同条款

↓

签订合同

↓

履行合同

Appendix：Flow chart for the public bidding

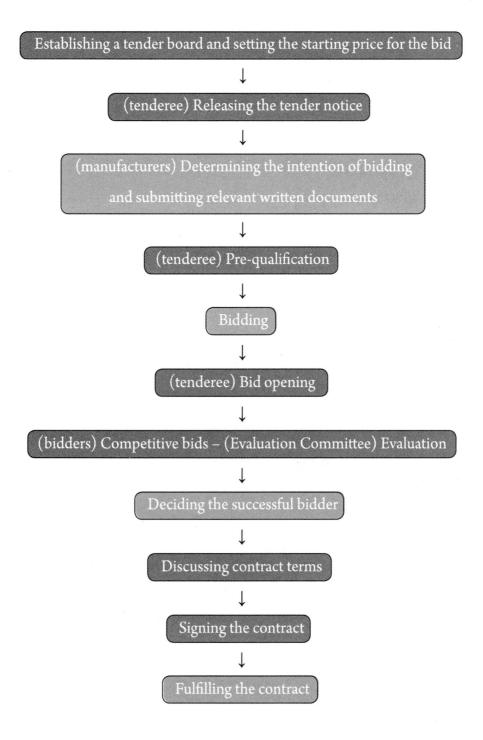

Establishing a tender board and setting the starting price for the bid

↓

(tenderee) Releasing the tender notice

↓

(manufacturers) Determining the intention of bidding and submitting relevant written documents

↓

(tenderee) Pre-qualification

↓

Bidding

↓

(tenderee) Bid opening

↓

(bidders) Competitive bids – (Evaluation Committee) Evaluation

↓

Deciding the successful bidder

↓

Discussing contract terms

↓

Signing the contract

↓

Fulfilling the contract

练习　Liànxí　**Exercises**

一 跟读生词，注意发音和声调。
Read the new words after the teacher and pay attention to your pronunciation and tones.

二 跟读课文，注意语音语调。
Read the texts after the teacher and pay attention to your pronunciation and intonation.

三 学生分组，分角色朗读课文一、二。
Divide the students into groups and read Texts 1 & 2 in roles.

四 学生分组，不看书，分角色表演课文一、二。
Divide the students into groups and play the roles in Texts 1 & 2 without referring to the book.

五 角色扮演。（提示：角色可以互换。）
Role playing. (Note: the roles can be exchanged.)

1. 两人一组：A 的公司参加了一个招标项目，B 对怎么投标很感兴趣。问 A 一些问题。项目可以由 A、B 双方商定一个。
Students work in pairs: The company of A has participated in a tendering project. B is interested in how to bid and is asking A some questions. A and B can decide what the project is about.

2. 两人一组：假设 A 的公司中标了，B 表示祝贺，并谈论：
Students work in pairs: Suppose the company of A has won the bid and B congratulates A and discusses with him the following topics:

① 这是哪种招标？
What kind of tender is it?

② 中标后应该做什么？
What will you do after winning the bid?

③ 中标的秘诀是什么？
What's the secret to win the bid?

六 复述课文一和课文二。
Retell Texts 1 & 2.

七 替换练习。
Substitution drills.

① 我想 <u>你们老板</u> 一定会 <u>参加投标</u> 的。

你们的合作	成功
他们公司	中标
明年的工资	上涨

② <u>你们参加投标</u> 一举两得，既能 <u>赚钱</u>，又能 <u>提高知名度</u>。

你去国外进修	增长（zēngzhǎng, to increase）见识 （jiànshi, experience, knowledge）	提高外语水平
你在中国公司实习	了解中国公司的情况	学习汉语
去上海出差	吃到上海菜	参观世博会（Shì Bó Huì, the World Expo）

③ <u>我们公司参加了一个招标项目，</u> 由 <u>我负责</u>。

公司的财务（cáiwù, finance）部门	小王负责
董事会（dǒngshìhuì, board of directors）已经作出决定，	她担任总经理
这些老客户	总经理秘书陪同

④ <u>这次</u> 是 <u>公开招标</u> 还是 <u>邀请招标</u>?

你	留在中国学习	回国工作
下一步你	继续投资房地产 （fángdìchǎn, real estate）	投资其他项目
今年暑假你	去西藏（Xīzàng, Tibet）	去云南

⑤ 他们 对 我们提供的售后服务 非常满意。

老板	他们的工作表现
总公司	我们在北京的销售业绩（yèjì, accomplishment）
顾客	商场的服务

⑥ 做生意 不能只 凭书本知识， 还要 能随机应变。

学汉语	在课堂上学	在生活中学
交朋友	看表面（biǎomiàn, surface）	看有没有诚意
买东西	看品牌的知名度	看商品的质量

八 用下面的词语组成句子。
Make sentences with the following words and expressions.

课文一

① 采购电脑 我 的 刚 一则 招标公告 看到

② 这个 购买 集团 一大批 要 电脑

③ 公司 不少 投标 想 的 一定

④ 我 关注 这个 想 老板 项目 建议

⑤ 把 要 申请人 只给 招标方 标书 能胜任的 保证

⑥ 向 投标的 提供 购买 投标人 招标人 标书 文件

⑦ 委员会 的 最后 定标 根据 方案

⑧ 这 展示 实力 好机会 公司 的 是

课文二

1 你　没见到　呢　上次　怪不得　聚会

2 商务汉语　呀　你　机会　就　是　一　有　学习

3 了　招标　这次　多亏　提供　卡尔　信息

4 收到　的　了　就可以　退还的　没中标　公司　投标保证金

5 的　是　你们　什么　中标　秘诀

6 的　非常满意　对　售后服务　也　他们　我们　提供

7 讨价还价　投标　不能　的　时　是

8 赚　这次　了　吧　你们　钱　不少

9 得　很低　为了　价格　中标　我们　把　压

九 完成对话。
Complete the dialogues.

1 A：你们公司的生意做得怎么样？

　 B：＿＿＿＿＿＿＿＿＿＿＿＿＿＿＿＿＿＿。（可）

2 A：他忘了写作业。

　 B：＿＿＿＿＿＿＿＿＿＿＿＿＿＿＿＿＿＿。（怪不得）

3 A：你是怎么找到这儿的？

　 B：＿＿＿＿＿＿＿＿＿＿＿＿＿＿＿＿＿＿。（多亏）

4 A：你的英语口语真不错！

　 B：＿＿＿＿＿＿＿＿＿＿＿＿＿＿＿＿＿＿。（哪儿啊）

⑤ A：你有什么业余爱好？

B：_____。（什么的）

⑥ A：你觉得一个人怎样才能获得成功？

B：_____。（凭）

十 根据课文内容填空。
Fill in the blanks according to the texts.

课文一

卡　尔：投标时要准备哪些文件？

张　远：应标函、投标者资格文件、_____、投标项目方案说明和投标
　　　　设备数量_____等。

卡　尔：投标者资格文件_____哪些？

张　远：一般是_____副本、税务登记证副本、法定代表人证明书和
　　　　_____委托书等。

卡　尔：还有一个问题，投标的_____是什么？

小　宋：投标人投标，招标人开标，接着投标人再_____，这时，招标
　　　　人会组建评标委员会_____，最后根据委员会的方案_____
　　　　____。

卡　尔：我觉得你们参加投标可以_____，既能赚钱，又能提高公司的
　　　　_____。

课文二

李明明：定价很重要，投标时是不能_____的。

小　宋：还有，他们对我们提供的_____也非常满意。

张　远：我觉得_____也很重要。

小　宋：是的，我们做了很多_____，对招标方的需求和对手的情况都
　　　　作了调查研究。

卡　尔：你们这次_____了不少钱吧？

小　宋：哪儿啊，为了中标，我们把价格压得很低，_____很少。

李明明：_____嘛。

小　宋：是呀。不过，我们通过配套销售打印机、扫描仪什么的，_____了利润。

卡　尔：你真有经济_____！

李明明：做生意不能只_____书本知识，还要能_____。

十一 阅读理解。
Reading comprehension.

　　金源公司对奥运会组委会的办公设备招标项目很感兴趣，他们的市场推广人员与业务人员密切合作，在进行大量市场调查的基础上，制订了一个很有说服力的投标计划。

　　在投标过程中，金源公司遇到了很有实力的竞争对手。但是由于金源公司的功课做得好，在质量、价格以及售后服务方面都很有竞争力，最后经过评标委员会的评标、定标，金源公司投标成功。他们不仅拿到了大订单，而且大大提高了公司的知名度。

　　金源公司在投标成功后，又一次召开业务会，商量如何向奥运会组委会提供物美价廉的办公设备，并确保优质的售后服务。会上，有人提出了应该顺便销售办公耗材，尽量提高公司的销售利润。大家都认为这是个好点子，并决定尽快制订一个办公耗材的销售计划。

生词 Shēngcí **New Words**

1. 金源公司	Jīnyuán Gōngsī	PN	name of a company
2. 奥运会	Àoyùnhuì	N	the Olympic Games
3. 组委会	zǔwěihuì	N	Organization Comittee
4. 密切	mìqiè	Adj	close
5. 大量	dàliàng	Adj	a large number, a great quantity
6. 说服力	shuōfúlì	N	persuasion
7. 过程	guòchéng	N	process, procedure
8. 以及	yǐjí	Conj	as well as
9. 召开	zhàokāi	V	to hold (a meeting)

10. 确保	quèbǎo	V	to ensure
11. 优质	yōuzhì	Adj	high quality, high grade
12. 耗材	hàocái	N	consumable item
13. 点子	diǎnzi	N	idea

判断正误：

Decide whether the following statements are true (T) or false (F).

① 金源公司先制订了投标计划，然后进行了认真的市场调查。　（　　　　）

② 在这次投标过程中，竞争非常激烈。　（　　　　）

③ 金源公司只在价格上占优势。　（　　　　）

④ 这次投标成功对金源公司来说，有两方面的好处。　（　　　　）

⑤ "物美价廉"的意思是商品质量好，价格高。　（　　　　）

⑥ 金源公司可能在卖办公设备的同时，还卖办公耗材。　（　　　　）

⑦ 本文主要告诉我们奥运会的筹备情况。　（　　　　）

 完成任务。
Complete the tasks.

1. 假设你是一家咨询公司的业务员，一位客户想知道怎样参加中国政府的招标投标项目，请你给他介绍一下一般的招标和参加投标的程序，并写下来。可以参看课文二后的"公开招标流程图"。

Suppose you are working in a consulting corporation. A customer wanted to know how to participate in a bidding project organized by Chinese government. Please tell him the general procedures of tendering and bidding and write it down. You can refer to the "Flow chart for the public bidding" in Text 2.

2. 几个人一组，先浏览"中国采购与招标网"，然后向老师和同学介绍网站的内容。各个小组介绍完之后，大家一起总结一下可以利用这个网站做什么。

Several students work as a group and visit www.chinabidding.com.cn, then make a presentation of the information on the website to your teacher and classmates. After the presentation, please make a summarization and discuss what you can make use of this website.

3. 几个人一组，搜集资料并讨论：在你们国家招标、投标的情况是怎样的？和中国有什么不一样？怎样可以了解到你们国家招标投标的信息？

Several students collect data and have group discussions: How do the tendering and bidding go in your country? What are the differences between the tendering and bidding in your country and in China? How can you get the tendering and bidding information in your country?

第二单元
UNIT 2

独家代理
Exclusive agent

课文 Text	题目 Title	注释 Notes
一	我们会为贵公司开拓上海市场 We will develop the Shanghai market for your company	1. 俗语"万事开头难" The saying "万事开头难" 2. 介词"按"（复习） The preposition "按" (Review) 3. 名词解释："发票净售价" Explanation of the noun "发票净售价" 4. 习惯用语"这样吧" The idiom "这样吧" 5. 代词"每"（复习） The pronoun "每" (Review) 6. 表时段的时间词+"一"+动词 The noun of time + "一" + verb 7. 动词"令" The verb "令"
二	独家代理协议 Exclusive agency agreement	1. 副词"一旦" The adverb "一旦" 2. 连词"除非" The conjunction "除非" 3. 副词"凡" The adverb "凡"

Wǒmen Huì Wèi Guì Gōngsī Kāituò Shànghǎi Shìchǎng
我们会为贵公司开拓上海市场

We will develop the Shanghai market for your company

圣兰公司已经决定把在上海的独家代理权交给丽人公司。今天，康爱丽约丽人公司的王总来洽谈代理的具体事宜。

● 康爱丽：王总，如果指定贵公司为我们在上海的独家代理，贵方会怎么做呢？

○ 王　总：我们会为贵公司开拓上海市场，打响知名度，确立"圣兰"品牌在行业中的地位。

● 康爱丽：你们在销售渠道方面的优势确实很突出。今天请您来，就是想谈谈具体事宜。

○ 王　总：您希望的最低销售额是多少？

● 康爱丽：我们北京的独家代理，一个季度的销售定额是 500 万人民币。你们能做到吗？

○ 王　总：这对我们来说太高了。坦率地说，这个品牌在上海还没有知名度，万事开头难哪。

● 康爱丽：这一点我们理解。这样吧，400万怎么样？

○ 王　总：那佣金率是多少？

● 康爱丽：完成定额，按发票净售价的5%付佣金。

○ 王　总：通常我们都是按每笔成交额的10%收取佣金。

● 康爱丽：太高了。我们的佣金率从没超过8%。

○ 王　总：那就很难做了。为了打开上海市场，要加大广告宣传的力度，我们投入的成本会很高。

● 康爱丽：这样吧，完成销售定额后，每销售20万元，佣金率提高0.5个百分点，最高不超过8%。

○ 王　总：为了我们的长期合作，就这样吧。怎么支付佣金呢？

● 康爱丽：我们在收到每笔订单的全部货款后，每个季度汇付一次。奖励佣金年终结算后一次汇付。

○ 王　总：好的。

● 康爱丽：希望贵方每个季度能提供一份市场报告。

○ 王　总：没问题。

● 康爱丽：还有，贵公司要及时提供其他供应商类似商品的报价和广告资料。

○ 王　总：可以。

● 康爱丽：贵公司不能在上海经销、分销或促销与我们的商品相竞争或类似的商品，也不能招揽或接受到上海以外地区销售的订单。

○ 王　总：请放心！我们一定会保护委托人的合法权益。

● 康爱丽：好的，这些都会写到协议里。

○ 王　总：协议怎么签？

● 康爱丽：一年一签。

○ 王　总：好像短了些。

● 康爱丽：如果贵公司的销售业绩令人满意，协议可以延长。

○ 王　总：那就这样吧。

※·※

> Shènglán Gōngsī yǐjīng juédìng bǎ zài Shànghǎi de dújiā dàilǐquán jiāo gěi Lìrén Gōngsī. Jīntiān, Kāng Àilì yuē Lìrén Gōngsī de Wáng zǒng lái qiàtán dàilǐ de jùtǐ shìyí.

● Kāng Àilì: Wáng zǒng, rúguǒ zhǐdìng guì gōngsī wéi wǒmen zài Shànghǎi de dújiā dàilǐ, guì fāng huì zěnme zuò ne?

○ Wáng zǒng: Wǒmen huì wèi guì gōngsī kāituò Shànghǎi shìchǎng, dǎxiǎng zhīmíngdù, quèlì "Shènglán" pǐnpái zài hángyè zhōng de dìwèi.

● Kāng Àilì: Nǐmen zài xiāoshòu qúdào fāngmiàn de yōushì quèshí hěn tūchū. Jīntiān qǐng nín lái, jiùshì xiǎng tántan jùtǐ shìyí.

○ Wáng zǒng: Nín xīwàng de zuì dī xiāoshòu'é shì duōshao?

● Kāng Àilì: Wǒmen Běijīng de dújiā dàilǐ, yí ge jìdù de xiāoshòu dìng'é shì wǔbǎi wàn rénmínbì. Nǐmen néng zuòdào ma?

○ Wáng zǒng: Zhè duì wǒmen lái shuō tài gāo le. Tǎnshuài de shuō, zhège pǐnpái zài Shànghǎi hái méiyǒu zhīmíngdù, wànshì kāitóu nán na.

● Kāng Àilì: Zhè yì diǎn wǒmen lǐjiě. Zhèyàng ba, sìbǎi wàn zěnmeyàng?

○ Wáng zǒng: Nà yòngjīnlǜ shì duōshao?

● Kāng Àilì: Wánchéng dìng'é, àn fāpiào jìngshòujià de bǎi fēnzhī wǔ fù yòngjīn.

○ Wáng zǒng: Tōngcháng wǒmen dōu shì àn měi bǐ chéngjiāo'é de bǎi fēnzhī shí shōuqǔ yòngjīn.

● Kāng Àilì: Tài gāo le. Wǒmen de yòngjīnlǜ cóng méi chāoguò bǎi fēnzhī bā.

○ Wáng zǒng: Nà jiù hěn nán zuò le. Wèile dǎkāi Shànghǎi shìchǎng, yào jiādà guǎnggào xuānchuán de lìdù, wǒmen tóurù de chéngběn huì hěn gāo.

● Kāng Àilì: Zhèyàng ba, wánchéng xiāoshòu dìng'é hòu, měi xiāoshòu èrshí wàn yuán, yòngjīnlǜ tígāo líng diǎn wǔ ge bǎifēndiǎn, zuì gāo bù chāoguò bǎi fēnzhī bā.

○ Wáng zǒng: Wèile wǒmen de chángqī hézuò, jiù zhèyàng ba. Zěnme zhīfù yòngjīn ne?

● Kāng Àilì: Wǒmen zài shōudào měi bǐ dìngdān de quánbù huòkuǎn hòu, měi ge jìdù huífù yí cì. Jiǎnglì yòngjīn niánzhōng jiésuàn hòu yí cì huífù.

○ Wáng zǒng: Hǎo de.

● Kāng Àilì: Xīwàng guì fāng měi ge jìdù néng tígōng yí fèn shìchǎng bàogào.

○ Wáng zǒng: Méi wèntí.

● Kāng Àilì: Hái yǒu, guì gōngsī yào jíshí tígōng qítā gōngyìngshāng lèisì shāngpǐn de bàojià hé guǎnggào zīliào.

○ Wáng zǒng: Kěyǐ.

● Kāng Àilì: Guì gōngsī bù néng zài Shànghǎi jīngxiāo、fēnxiāo huò cùxiāo yǔ wǒmen de shāngpǐn xiāng jìngzhēng huò lèisì de shāngpǐn, yě bù néng zhāolǎn huò jiēshòu dào Shànghǎi yǐwài dìqū xiāoshòu de dìngdān.

○ Wáng zǒng: Qǐng fàngxīn! Wǒmen yídìng huì bǎohù wěituōrén de héfǎ quányì.

● Kāng Àilì: Hǎo de, zhèxiē dōu huì xiědào xiéyì li.

○ Wáng zǒng: Xiéyì zěnme qiān?

● Kāng Àilì: Yì nián yì qiān.

○ Wáng zǒng: Hǎoxiàng duǎnle xiē.

● Kāng Àilì: Rúguǒ guì gōngsī de xiāoshòu yèjì lìng rén mǎnyì, xiéyì kěyǐ yáncháng.

○ Wáng zǒng: Nà jiù zhèyàng ba.

※·※

Shenglan Garment (China) Co. Ltd. has decided to authorize Liren Company as its exclusive agent. Today, Alice is discussing with Mr. Wang, the manager of Liren Company, about the details of their cooperation.

● Alice: Mr. Wang, if your company is appointed as our exclusive agent in Shanghai, what will you do?

○ Mr. Wang: We will develop the Shanghai market for your company, build up the company's reputation and establish the position of the brand in the industry.

● Alice: You have conspicuous advantages over your competitors in sales channels. Let's discuss the details of our cooperation today.

○ Mr. Wang: May I ask your minimum sales requirement?

● Alice: The sales quota for our exclusive agent in Beijing is RMB 5 million *yuan* per quarter. Can you do the same?

○ Mr. Wang: This is too much for us. Frankly speaking, it's not so easy at the beginning since this brand hasn't earned its popularity in Shanghai yet.

● Alice: We understand. Look, how about 4 million?

○ Mr. Wang: What about the commission rate?

● Alice: If you fulfill the quota, you will get a 5% commission of the net invoice price.

○ Mr. Wang: We usually collect 10% of the turnover as our commission each time.

● Alice: That's too much. Our commission rate has never exceeded 8%.

○ Mr. Wang: This will be difficult. We will make double efforts to develop the Shanghai market, so our cost will be very high.

● Alice: OK, let's try it this way. After the completion of the sales quotas, for every extra 200 thousand *yuan*, the commission is increased by 0.5 percentage points, with the maximum being 8%.

○ Mr. Wang: So be it for our long-term cooperation. How will the commission be paid then?

● Alice: After we receive the full payment for each order, we will remit it to you every quarter. We will remit the bonus commission to you at the annual settlement.

○ Mr. Wang: That's fine.

● Alice: We hope you can send us a quarterly market report.

○ Mr. Wang: No problem.

● Alice: Your company also needs to provide the quotations and advertising materials on similar commodity of other suppliers.

○ Mr. Wang: OK.

● Alice: Your company cannot sell, distribute or promote the sales of any products competitive with or similar to the commodity made by our company in Shanghai, nor can you solicit or accept orders for the purpose of selling them outside Shanghai.

○ Mr. Wang: Relax! We will protect the legitimate rights and interests of our clients.

● Alice: Good. This will be written into the agreement.

○ Mr. Wang: How shall we sign the agreement?

● Alice: The agreement will be signed annually.

○ Mr. Wang: It seems sort of short.

● Alice: The agreement may be extended if your company's sales performance is satisfactory.

○ Mr. Wang: So be it then.

生词 Shēngcí **New Words**

1. 独家代理	dújiā dàilǐ		exclusive agent
独家	dújiā	N	exclusive
2. 打响	dǎxiǎng	V	to build up, to win initial success
3. 确立	quèlì	V	to establish firmly
4. 地位	dìwèi	N	position
5. 事宜	shìyí	N	matters concerned
6. 销售额	xiāoshòu'é	N	sales
7. 季度	jìdù	N	quarter of a year
8. 定额	dìng'é	N	quota
9. 坦率	tǎnshuài	Adj	frank
10. 万事	wànshì	N	everything
11. 开头	kāi tóu	V//O	to begin, to start
12. 佣金率	yòngjīnlǜ	N	commission rate
13. 净售价	jìngshòujià	N	net (selling) price
14. 佣金	yòngjīn	N	commission

15. 通常	tōngcháng	Adj	usual
16. 成交额	chéngjiāo'é	N	turnover
17. 收取	shōuqǔ	V	to collect
18. 超过	chāoguò	V	to exceed
19. 加大	jiādà	V	to increase, to redouble
20. 力度	lìdù	N	effort
21. 投入	tóurù	V	to put in
22. 百分点	bǎifēndiǎn	N	percentage point
23. 长期	chángqī	N	long-term
24. 货款	huòkuǎn	N	payment (for goods)
25. 汇付	huìfù	V	to remit
26. 奖励	jiǎnglì	V	to reward, to award
27. 年终	niánzhōng	N	end of a year
28. 及时	jíshí	Adv	in time
29. 类似	lèisì	V	to be similar
30. 经销	jīngxiāo	V	to sell on commission
31. 分销	fēnxiāo	V	to distribute
32. 招揽	zhāolǎn	V	to solicit
33. 以外	yǐwài	N	beyond
34. 委托人	wěituōrén	N	client
35. 合法	héfǎ	Adj	legitimate
36. 权益	quányì	N	rights and interests
37. 协议	xiéyì	N	agreement
38. 业绩	yèjì	N	performance, accomplishment
39. 令	lìng	V	to make
40. 延长	yáncháng	V	to prolong, to extend

注释 Zhùshì Notes

1 这个品牌在上海还没有知名度，万事开头难哪。
It's not so easy at the beginning since this brand hasn't earned its popularity in Shanghai yet.

"万事开头难"，俗语，表示刚开始做事的时候，都会遇到一些困难。这句话的后面常常跟一些安慰、鼓励对方的话。"万事"，名词，表示一切事情。例如：

"万事开头难" is a common saying, indicating all things are difficult at the beginning stage. This sentence is often followed by consoling or encouraging words. "万事" is a noun, meaning "everything". For example,

① 万事开头难，你再学一段时间，就不会觉得汉语难了。

② 万事开头难，只要我们能成功地打入欧洲市场，以后的事就好办多了。

③ 别伤心（shāngxīn, sad）了。万事开头难，只要继续努力，你一定能通过这个考试的。

2 按发票净售价的 5% 付佣金。 You will get a 5% commission of the net invoice price.

"按"，介词，表示行为动作要根据某种规定、条件或标准来进行。常和名词或名词性词组构成介宾结构作状语。例如：

"按" is a preposition which means to do something following certain rules, conditions or standards. It is often followed by a noun or a noun phrase to form a prepositional phrase and functions as an adverbial in the sentence. For example,

① 你们就按老板的要求去和他们谈判吧。

② 我们按原计划申请这个项目吧。

③ 圣兰公司要求我们按季度提供市场报告。

3 按发票净售价的 5% 付佣金。 You will get a 5% commission of the net invoice price.

"发票净售价"，指公司开出的产品发票上的总金额（或毛售价）减去下面这些费用后的金额：(1)关税及货物税；(2)包装、运费和保险费；(3)商业折扣和数量折扣；(4)退货的货款；(5)延期付款利息；(6)代理人佣金。

"发票净售价" (the net invoice value) is worked out by subtracting the following expenses from the total value (or gross value) in the invoice that the company produces for selling the "product": (1) customs and excise duty; (2) packaging, freight and insurance; (3) commercial discounts and quantity discounts; (4) returns; (5) interest on deferred payments; and (6) agent commissions.

4 这样吧，完成销售定额后，……

OK, let's try it this way. After the completion of the sales quotas, ...

"这样吧"，表示在事情比较难办或双方意见不同的时候，经过考虑，说话人提出一个双方都能接受的解决办法。常常单说。例如：

"这样吧" means the speaker puts forward a solution that can be accepted by both when facing some difficulties or the two sides are in disagreement. It is often used on its own. For example,

① A：王总，我们的代理商（dàilǐshāng, agent）对市场定价有不少意见，您看……

B：这样吧，你约一下他们的老板，我们见面谈。

② A：我最近要去上海出差，可手头（shǒutóu, on hand）的事还没办完。

B：这样吧，你出差前把要做的事列（liè, to list）一个清单（qīngdān, detailed list），我来帮你做。

③ A：你爸妈要来咱家，可是我今天特别忙，没时间去买菜。

B：要不这样吧，到时候咱们去饭馆吃饭。

5 每个季度汇付一次。 We will remit it to you every quarter.

"每"，代词，指全体中的任何一个或一组，强调个体之间的共性。可以用在数量词的前边，当数词是"一"的时候，"一"常常省去。"每 + 时间词 + 动词 + 数量词"表示同一动作、行为的重复。例如：

"每" is a pronoun referring to anyone or any group of the whole, emphasizing the commonality of individual items. It can be used before a numeral. When the numeral is "一", it is often omitted. The pattern "每 + time noun + verb + quantifier" expresses the repetition of the same action or behavior. For example,

① 我们公司每周开一次业务会。

② 他们公司每个季度都要进行市场调查。

③ 小王每年都会去国外旅游一趟。

6 一年一签。 The agreement will be signed annually.

"表时段的时间词 + 一 + 动词"表示同一动作、行为在一段时间里重复一次。例如：

The pattern "a period of time + 一 + verb" indicates that the same action or behavior recurs once in a period of time. For example,

① 一般情况下，我们的佣金一月一付。

② 我们公司的合同是三年一签。

③ 他们公寓的空调四年一换。

7 如果贵公司的销售业绩令人满意，协议可以延长。

The agreement may be extended if your company's sales performance is satisfactory.

"令"，动词，"使、让"的意思。例如：

"令" is a verb meaning "to make or cause". For example,

① 这真是个令人兴奋（xīngfèn, exciting）的好消息。

② 在北京的留学生活令我难忘（nánwàng, unforgetable）。

③ 这件事情非常令人感动（gǎndòng, moving, touching）。

Dújiā Dàilǐ Xiéyì
独家代理协议
Exclusive agency agreement

　　本协议于＿＿＿＿年＿＿＿＿月＿＿＿＿日在＿＿＿＿（地点）由有关双方在平等互利的基础上达成，按双方同意的下列条件发展业务关系：

1. 协议双方

　　甲方：＿＿＿＿＿＿＿　　　　　乙方：＿＿＿＿＿＿＿

　　地址：＿＿＿＿＿＿＿　　　　　地址：＿＿＿＿＿＿＿

　　电话：＿＿＿＿＿＿＿　　　　　电话：＿＿＿＿＿＿＿

　　传真：＿＿＿＿＿＿＿　　　　　传真：＿＿＿＿＿＿＿

2. 委任

　　甲方指定乙方为其独家代理，为第三条所列商品从第四条所列区域的顾客中招揽订单，乙方接受上述委任。

3. 代理商品

4. 代理区域

　　仅限于＿＿＿＿＿＿（比如：中国）。

5. 最低业务量

　　乙方同意，在本协议有效期内从上述代理区域内的顾客处招揽的上述商品的订单价值不低于＿＿＿＿＿美元。

6. 价格与支付

　　每一笔交易的货物价格应由乙方与买主通过谈判确定，并须经甲方最后确认。

　　付款使用保兑的、不可撤销的信用证，由买方开出，以甲方为受益人。信用证须在装运日期前_____天到达甲方。

7. 独家代理权

　　基于本协议授予的独家代理权，甲方不得直接或间接地通过乙方以外的渠道向_____（地点）顾客销售或出口第三条所列商品，乙方不得在_____（地点）经销、分销或促销与上述商品相竞争或类似的产品，也不得招揽或接受以到_____（地点）以外地区销售为目的的订单。在本协议有效期内，甲方应将其收到的来自_____（地点）的其他商家的有关代理产品的询价或订单转交给乙方。

8. 商情报告

　　为使甲方充分了解现行市场情况，乙方至少每季度一次或在必要时随时向甲方提供市场报告，内容包括与本协议代理商品的进口与销售有关的地方规章的变动、当地市场发展趋势以及买方对甲方按协议供应的货物的品质、包装、价格等方面的意见。乙方还应该向甲方提供其他供应商类似商品的报价和广告资料。

9. 广告及费用

　　乙方负担本协议有效期内在_____（地点）为销售代理商品进行广告宣传的一切费用，并向甲方提交用于广告的声像资料，供甲方事先核准。

10. 佣金

　　对乙方直接获取并经甲方确认接受的订单，甲方按发票净售价向乙方支付_____%的佣金。佣金在甲方收到每笔订单的全部货款后_____天内向乙方支付。

11. 政府部门间的交易

　　甲、乙双方与政府部门之间达成的交易不受本协议条款的限制，此类交易的金额也不应计入第五条规定的最低业务量。

12. 工业产权

在本协议有效期内，为销售有关_____（产品），乙方可以使用甲方拥有的商标，并承认使用于或包含于_____（产品）中的任何专利商标、版权或其他工业产权为甲方独家拥有。一旦发现侵权，乙方应立即通知甲方并协助甲方采取措施保护甲方权益。

13. 协议有效期

本协议经有关双方如期签署后生效，有效期为_____年，从_____年_____月_____日至_____年_____月_____日。除非作出相反通知，本协议期满后将延长_____个月。

14. 协议的终止

在本协议有效期内，如果一方被发现违背协议条款，另一方有权终止协议。

15. 不可抗力

由于水灾、火灾、地震、干旱、战争或协议一方无法预见、控制、避免和克服的其他事件导致不能或暂时不能全部或部分履行本协议，该方不负责任。但是，受不可抗力事件影响的一方须尽快将发生的事件通知另一方，并在不可抗力事件发生15天内将有关机构出具的不可抗力事件的证明寄交对方。

16. 仲裁

凡因本协议引起的或与本协议有关的任何争议，均应提交中国国际经济贸易仲裁委员会_____分会，按照申请仲裁时该会实施的仲裁规则进行仲裁。仲裁裁决是终局的，对双方均有约束力。

甲方：＿＿＿＿＿＿＿＿＿＿　　　　　乙方：＿＿＿＿＿＿＿＿＿＿

（签字）　　　　　　　　　　　　（签字）

※·※

Běn xiéyì yú＿＿＿＿nián＿＿＿＿yuè＿＿＿＿rì zài ＿＿＿＿(dìdiǎn) yóu yǒuguān shuāngfāng zài píngděng hùlì de jīchǔ shang dáchéng，àn shuāngfāng tóngyì de xiàliè tiáojiàn fāzhǎn yèwù guānxi:

1. Xiéyì shuāngfāng

Jiǎfāng: ＿＿＿＿＿＿＿＿＿＿　　Yǐfāng: ＿＿＿＿＿＿＿＿＿＿

Dìzhǐ: ＿＿＿＿＿＿＿＿＿＿　　Dìzhǐ: ＿＿＿＿＿＿＿＿＿＿

Diànhuà: ＿＿＿＿＿＿＿＿＿＿　　Diànhuà: ＿＿＿＿＿＿＿＿＿＿

Chuánzhēn: ＿＿＿＿＿＿＿＿＿＿　　Chuánzhēn: ＿＿＿＿＿＿＿＿＿＿

2. Wěirèn

Jiǎfāng zhǐdìng yǐfāng wéi qí dújiā dàilǐ, wèi dì sān tiáo suǒ liè shāngpǐn cóng dì sì tiáo suǒ liè qūyù de gùkè zhōng zhāolǎn dìngdān, yǐfāng jiēshòu shàngshù wěirèn.

3. Dàilǐ shāngpǐn

4. Dàilǐ qūyù

Jǐn xiànyú ＿＿＿＿＿＿＿ (Bǐrú: Zhōngguó).

5. Zuì dī yèwùliàng

Yǐfāng tóngyì, zài běn xiéyì yǒuxiàoqī nèi cóng shàngshù dàilǐ qūyù nèi de gùkè chù zhāolǎn de shàngshù shāngpǐn de dìngdān jiàzhí bù dī yú ＿＿＿＿＿＿ měiyuán.

6. Jiàgé yǔ zhīfù

　　Měi yì bǐ jiāoyì de huòwù jiàgé yīng yóu yǐfāng yǔ mǎizhǔ tōngguò tánpàn quèdìng, bìng xū jīng jiǎfāng zuìhòu quèrèn.

　　Fù kuǎn shǐyòng bǎoduì de、bùkě chèxiāo de xìnyòngzhèng, yóu mǎifāng kāichū, yǐ jiǎfāng wéi shòuyìrén. Xìnyòngzhèng xū zài zhuāngyùn rìqī qián _____ tiān dàodá jiǎfāng.

7. Dújiā dàilǐquán

　　Jīyú běn xiéyì shòuyǔ de dújiā dàilǐquán, jiǎfāng bùdé zhíjiē huò jiànjiē de tōngguò yǐfāng yǐwài de qúdào xiàng _____ (dìdiǎn) gùkè xiāoshòu huò chūkǒu dì sān tiáo suǒ liè shāngpǐn, yǐfāng bùdé zài _____ (dìdiǎn) jīngxiāo、fēnxiāo huò cùxiāo yǔ shàngshù shāngpǐn xiāng jìngzhēng huò lèisì de chǎnpǐn, yě bùdé zhāolǎn huò jiēshòu yǐ dào _____ (dìdiǎn) yǐwài dìqū xiāoshòu wéi mùdì de dìngdān. Zài běn xiéyì yǒuxiàoqī nèi, jiǎfāng yīng jiāng qí shōudào de lái zì _____ (dìdiǎn) de qítā shāngjiā de yǒuguān dàilǐ chǎnpǐn de xúnjià huò dìngdān zhuǎnjiāo gěi yǐfāng.

8. Shāngqíng bàogào

　　Wèi shǐ jiǎfāng chōngfèn liǎojiě xiànxíng shìchǎng qíngkuàng, yǐfāng zhìshǎo měi jìdù yí cì huò zài bìyào shí suíshí xiàng jiǎfāng tígōng shìchǎng bàogào, nèiróng bāokuò yǔ běn xiéyì dàilǐ shāngpǐn de jìnkǒu yǔ xiāoshòu yǒuguān de dìfāng guīzhāng de biàndòng、dāngdì shìchǎng fāzhǎn qūshì yǐjí mǎifāng duì jiǎfāng àn xiéyì gōngyìng de huòwù de pǐnzhì、bāozhuāng、jiàgé děng fāngmiàn de yìjiàn. Yǐfāng hái yīnggāi xiàng jiǎfāng tígōng qítā gōngyìngshāng lèisì shāngpǐn de bàojià hé guǎnggào zīliào.

9. Guǎnggào jí fèiyong

　　Yǐfāng fùdān běn xiéyì yǒuxiàoqī nèi zài _____ (dìdiǎn) wèi xiāoshòu dàilǐ shāngpǐn jìnxíng guǎnggào xuānchuán de yíqiè fèiyong, bìng xiàng jiǎfāng tíjiāo yòngyú guǎnggào de shēngxiàng zīliào, gōng jiǎfāng shìxiān hézhǔn.

10. Yòngjīn

　　Duì yǐfāng zhíjiē huòqǔ bìng jīng jiǎfāng quèrèn jiēshòu de dìngdān, jiǎfāng àn fāpiào jìngshòujià xiàng yǐfāng zhīfù _____% de yòngjīn. Yòngjīn zài jiǎfāng shōudào měi bǐ dìngdān de quánbù huòkuǎn hòu _____ tiān nèi xiàng yǐfāng zhīfù.

11. Zhèngfǔ bùmén jiān de jiāoyì

Jiǎ、yǐ shuāngfāng yǔ zhèngfǔ bùmén zhījiān dáchéng de jiāoyì bú shòu běn xiéyì tiáokuǎn de xiànzhì, cǐ lèi jiāoyì de jīn'é yě bù yīng jìrù dì wǔ tiáo guīdìng de zuì dī yèwùliàng.

12. Gōngyè chǎnquán

Zài běn xiéyì yǒuxiàoqī nèi, wèi xiāoshòu yǒuguān _____ (chǎnpǐn), yǐfāng kěyǐ shǐyòng jiǎfāng yōngyǒu de shāngbiāo, bìng chéngrèn shǐyòng yú huò bāohán yú _____ (chǎnpǐn) zhōng de rènhé zhuānlì shāngbiāo、bǎnquán huò qítā gōngyè chǎnquán wéi jiǎfāng dújiā yōngyǒu. Yídàn fāxiàn qīnquán, yǐfāng yīng lìjí tōngzhī jiǎfāng bìng xiézhù jiǎfāng cǎiqǔ cuòshī bǎohù jiǎfāng quányì.

13. Xiéyì yǒuxiàoqī

Běn xiéyì jīng yǒuguān shuāngfāng rúqī qiānshǔ hòu shēngxiào, yǒuxiàoqī wéi _____ nián, cóng _____ nián _____ yuè _____ rì zhì _____ nián _____ yuè _____ rì. Chúfēi zuòchū xiāngfǎn tōngzhī, běn xiéyì qīmǎn hòu jiāng yáncháng _____ ge yuè.

14. Xiéyì de zhōngzhǐ

Zài běn xiéyì yǒuxiàoqī nèi, rúguǒ yì fāng bèi fāxiàn wéibèi xiéyì tiáokuǎn, lìng yì fāng yǒu quán zhōngzhǐ xiéyì.

15. Bùkěkànglì

Yóuyú shuǐzāi、huǒzāi、dìzhèn、gānhàn、zhànzhēng huò xiéyì yì fāng wúfǎ yùjiàn、kòngzhì、bìmiǎn hé kèfú de qítā shìjiàn dǎozhì bù néng huò zànshí bù néng quánbù huò bùfen lǚxíng běn xiéyì, gāi fāng bú fù zérèn. Dànshì, shòu bùkěkànglì shìjiàn yǐngxiǎng de yì fāng xū jǐnkuài jiāng fāshēng de shìjiàn tōngzhī lìng yì fāng, bìng zài bùkěkànglì shìjiàn fāshēng shíwǔ tiān nèi jiāng yǒuguān jīgòu chūjù de bùkěkànglì shìjiàn de zhèngmíng jìjiāo duìfāng.

16. Zhòngcái

Fán yīn běn xiéyì yǐnqǐ de huò yǔ běn xiéyì yǒuguān de rènhé zhēngyì, jūn yīng tíjiāo Zhōngguó Guójì Jīngjì Màoyì Zhòngcái Wěiyuánhuì _____ Fēnhuì, ànzhào shēnqǐng zhòngcái shí gāi huì shíshī de zhòngcái guīzé jìnxíng zhòngcái. Zhòngcái cáijué shì zhōngjú de, duì shuāngfāng jūn yǒu yuēshùlì.

Jiǎfāng: _____   Yǐfāng: _____

    (Qiānzì)   (Qiānzì)

    This agreement is made and entered into by and between the parties concerned on _____ (date) in _____ (place) on the basis of equality and mutual benefit to develop business on terms and conditions mutually agreed upon as follows:

1. The Parties Concerned

    Party A: _____   Party B: _____

    Add: _____   Add: _____

    Tel: _____   Tel: _____

    Fax: _____   Fax: _____

2. Appointment

    Party A hereby appoints Party B as its Exclusive Agent to solicit orders for the commodity stipulated in Article 3 from customers in the territory stipulated in Article 4, and Party B accepts and assumes such appointment.

3. Commodity

4. Territory

    In _____ (for example, China) only.

5. Minimum Turnover

Party B shall undertake to solicit orders for the above commodity from customers in the above territory during the effective period of this agreement for not less than USD _____.

6. Price and Payment

The price for each individual transaction shall be fixed through negotiations between Party B and the buyer, and subject to Party A's final confirmation.

Payment shall be made by confirmed, irrevocable L/C opened by the buyer in favor of Party A, which shall reach Party A _____ days before the date of shipment.

7. Exclusive Right

In consideration of the exclusive rights granted herein, Party A shall not, directly or indirectly, sell or export the commodity stipulated in Article 3 to customers in _____ (place) through channels other than Party B; Party B shall not sell, distribute or promote the sales of any products competitive with or similar to the above commodity in _____ (place) and shall not solicit or accept orders for the purpose of selling them outside _____ (place). Party A shall transfer to Party B any inquiries or orders for the commodity in question received by Party A from other firms in _____ (place) during the validity of this agreement.

8. Market Report

In order to keep Party A well informed of the prevailing market conditions, Party B should undertake to supply Party A, at least once a quarter or at any time when necessary, with market reports concerning changes of the local regulations in connection with the import and sales of the commodity covered by this agreement, local market tendency and the buyer's comments on quality, packing, price, etc. of the goods supplied by Party A under this agreement. Party B shall also supply party A with quotations and advertising materials on similar products of other suppliers.

9. Advertising and Expenses

Party B shall bear all expenses for advertising and publicity in connection with the commodity in question in _____ (place) within the validity of this agreement, and shall submit to Party A all the audio and video materials intended for advertising for prior approval.

10. Commission

Party A shall pay Party B a commission of _____% on the net invoice price on all orders directly obtained by Party B and accepted by Party A. Within _____ days from the date Party A receives the full payment for each order, Party A shall pay the commission to Party B.

11. Transactions Between Governmental Bodies

Transactions concluded between governmental bodies of Party A and Party B shall not be restricted by the terms and conditions of this agreement, nor shall the amount of such transactions be counted as part of the turnover stipulated in Article 5.

12. Industrial Property Rights

Party B may use the trademarks owned by Party A for the sale of _____ _____ (product) covered herein within the validity of this agreement, and shall acknowledge that all the patents, trademarks, copyrights or any other industrial property rights used or embodied in _____ (product) shall remain to be the sole properties of Party A. Should any infringement be found, Party B shall promptly notify and assist Party A to take steps to protect the latter's rights.

13. Validity of Agreement

This agreement, when duly signed by the both parties concerned, shall remain in effect for _____ months from _____ (date) to _____ (date), and it shall be extended for another _____ months upon expiration unless notice in writing is given to the contrary.

14. Termination

During the validity of this agreement, if either of the two parties is found to have violated the stipulations herein, the other party has the right to terminate this agreement.

15. Force Majeure

Either party shall not be responsible for failure or delay to perform all or any part of this agreement due to flood, fire, earthquake, drought, war or any other events which could not be predicted, controlled, avoided or overcome by the relevant party. However, the party affected by the event of Force Majeure shall inform the other party of its occurrence in writing as soon as possible, and thereafter send a certificate of the event issued by the relevant authorities to the other party within 15 days after its occurrence.

16. Arbitration

Any dispute arising from or in connection with this agreement shall be submitted to China International Economic and Trade Arbitration Commission, _____ Sub-Commission for arbitration, which shall be conducted in accordance with the Commission's arbitration rules in effect at the time of applying for arbitration. The arbitral award is final and binding upon both parties.

Party A: _____   Party B: _____
    (Signature)   (Signature)

生词 Shēngcí New Words

1. 有关	yǒuguān	V	to have sth. to do with, to relate
2. 平等	píngděng	Adj	equal
3. 基础	jīchǔ	N	basis, foundation
4. 条件	tiáojiàn	N	condition
5. 甲方	jiǎfāng	N	Party A
6. 乙方	yǐfāng	N	Party B
7. 委任	wěirèn	V	to appoint
8. 其	qí	Pr	his, her, its, their; he, she, it, they
9. 列	liè	V	to list
10. 区域	qūyù	N	area

11.	仅	jǐn	Adv	only, merely
12.	限于	xiànyú	V	to be restricted to
13.	价值	jiàzhí	N	value
14.	买主	mǎizhǔ	N	buyer, purchaser
15.	到达	dàodá	V	to reach
16.	权	quán	N	authority, right
17.	基于	jīyú	Prep	on the basis of
18.	授予	shòuyǔ	V	to grant
19.	间接	jiànjiē	Adj	indirect
20.	来自	lái zì		to come from
21.	商家	shāngjiā	N	firm
22.	询价	xún jià	V//O	to inquire the price
23.	转交	zhuǎnjiāo	V	to transfer to, to pass on
24.	商情	shāngqíng	N	market condition
25.	现行	xiànxíng	Adj	currently in effect
26.	至少	zhìshǎo	Adv	at least
27.	必要	bìyào	Adj	necessary
28.	内容	nèiróng	N	content
29.	地方	dìfāng	N	local administration, local place
30.	规章	guīzhāng	N	rule, regulation
31.	变动	biàndòng	V	to change, to make an alteration
32.	趋势	qūshì	N	trend, tendency
33.	以及	yǐjí	Conj	and, along with
34.	供应	gōngyìng	V	to supply, to provide
35.	意见	yìjiàn	N	opinion
36.	向	xiàng	Prep	to, towards
37.	声像	shēngxiàng	N	audio and video
38.	事先	shìxiān	N	in advance

39. 核准	hézhǔn	V	to examine and approve
40. 获取	huòqǔ	V	to get
41. 政府	zhèngfǔ	N	government
42. 受	shòu	V	to be subjected to
43. 限制	xiànzhì	V	to limit, to restrict
44. 工业	gōngyè	N	industry
45. 产权	chǎnquán	N	property rights
46. 商标	shāngbiāo	N	trademark
47. 承认	chéngrèn	V	to admit, to acknowledge
48. 包含	bāohán	V	to include
49. 任何	rènhé	Pr	any
50. 专利	zhuānlì	N	patent
51. 版权	bǎnquán	N	copyright
52. 为	wéi	Prep	*used in passive voice*
53. 拥有	yōngyǒu	V	to have, to possess
54. 一旦	yídàn	Adv	once, as soon as, if
55. 侵权	qīnquán	V	to infringe
56. 协助	xiézhù	V	to assist
57. 采取	cǎiqǔ	V	to take, to adopt
58. 措施	cuòshī	N	measure, step
59. 如期	rúqī	Adv	on schedule, on time
60. 签署	qiānshǔ	V	to sign
61. 生效	shēng xiào	V//O	to become effective, to come into effect
62. 除非	chúfēi	Conj	unless
63. 相反	xiāng fǎn		opposite
64. 期满	qīmǎn	V	to expire
65. 终止	zhōngzhǐ	V	to stop
66. 违背	wéibèi	V	to disobey, to violate

67. 水灾	shuǐzāi	N	flood
68. 火灾	huǒzāi	N	fire
69. 地震	dìzhèn	N	earthquake
70. 干旱	gānhàn	N	drought
71. 战争	zhànzhēng	N	war
72. 预见	yùjiàn	V	to foresee
73. 控制	kòngzhì	V	to control
74. 克服	kèfú	V	to overcome
75. 事件	shìjiàn	N	event
76. 导致	dǎozhì	V	to lead to
77. 暂时	zànshí	Adj	temporary
78. 尽快	jǐnkuài	Adv	as soon as possible
79. 寄	jì	V	to send
80. 引起	yǐnqǐ	V	to arise
81. 均	jūn	Adv	all, without exception
82. 分会	fēnhuì	N	branch (of a society, association, etc.)
83. 实施	shíshī	V	to carry out
84. 裁决	cáijué	V	to arbitrate
85. 约束力	yuēshùlì	N	force of constraint, binding force

专有名词 Zhuānyǒu Míngcí **Proper Noun**

中国国际 经济贸易 仲裁委员会	Zhōngguó Guójì Jīngjì Màoyì Zhòngcái Wěiyuánhuì	China International Economic and Trade Arbitration Commission

注释 Zhùshì **Notes**

1 一旦发现侵权，乙方应立即通知甲方并协助甲方采取措施保护甲方权益。
Should any infringement be found, Party B shall promptly notify and assist Party A to take steps to protect the latter's rights.

"一旦"，副词，表示有一天，指不确定的时间。例如：

"一旦" is an adverb indicating some day, referring to an uncertain time. For example,

① 一旦你成功了，可不要忘了帮助过你的人。

② 你们一旦中标，就要尽快准备履约保证金。

③ 一旦和圣兰公司合作成功，我们公司将获得巨大的利润。

④ 这件事一旦让对方知道，他们就不会和我们签约了。

2 除非作出相反通知…… ... unless notice in writing is given to the contrary.

"除非"，连词，表示唯一的条件，有"只有"的意思。后一句中常用"才、否则、不然"等呼应。例如：

"除非" is a conjunction, indicating the only condition and meaning "只有". It is often used with "才", "否则" or "不然" in the latter clause. For example,

① 除非你去，我才去。

② 除非你复习得很好，否则不可能考高分。

③ 除非双方的父母出钱，不然刚结婚的年轻人大都（dàdū, mostly）要贷款买房。

3 凡因本协议引起的或与本协议有关的任何争议……
Any dispute arising from or in connection with this agreement ...

"凡"，副词，"凡是"的意思，表示总括某个范围内的一切，所有的人或事物都没有例外。常常和"都、均"连用。例如：

"凡" is an adverb, meaning "all" or "every", which is used to indicate everybody or everything in a certain scope. It is often collocated with "都" or "均" (both, all). For example,

① 凡参加投标的公司，都要交纳投标保证金。

② 凡是年满18岁的公民（gōngmín, citizen），均可参加选举（xuǎnjǔ, to elect）。

③ 凡是和康爱丽合作过的人，没有不信任她的。

练习 Liànxí **Exercises**

一 跟读生词，注意发音和声调。
Read the new words after the teacher and pay attention to your pronunciation and tones.

二 跟读课文，注意语音语调。
Read the texts after the teacher and pay attention to your pronunciation and intonation.

三 学生分组，分角色朗读课文一。
Divide the students into groups and read Text 1 in roles.

四 学生分组，不看书，分角色表演课文一。
Divide the students into groups and play the roles in Text 1 without referring to the book.

五 角色扮演。（提示：角色可以互换。）
Role playing. (Note: the roles can be exchanged.)

三人一组，A 扮演法国某香水公司的总经理，想在北京寻找一个独家代理商。B、C 是两家北京公司的总经理，分别代表各自的公司前来争取这一独家代理权。A 和 B、A 和 C 分别进行洽谈（C、B 要分别回避一下，不能知道竞争对手提出的条件）。其他人旁听两次洽谈，帮助 A 分析洽谈的情况，并提出建议。

Students work in groups of three. Suppose A is General Manager of a French perfume company who is looking for an exclusive agent in Beijing. B and C are the general managers of two companies in Beijing, both trying to become the exclusive agent on behalf of the companies they work for respectively. A discusses with B and C one by one. Neither one, however, knows the offer of his rival. Other students are present at the two discussions, helping A to analyze the results of the discussions and give their advice.

六 复述课文一。
Retell Text 1.

七 替换练习。
Substitution drills.

① 按　发票净售价的5%　付佣金。

学校的规定	参加考试
业务量的8%	提成（tí chéng, to get a commission）
合同的有关条款	执行

② 希望贵方　每（个）　季度　能及时递交一份市场报告。

我	星期	去一次超市
我们公司	月	召开一次业务会
我	年	回一次欧洲

③ 如果贵公司的销售业绩　令人　满意，合同可以延长。

这个小孩	同情
这件事真	生气
老板这样做真	费解（fèijiě, incomprehensible）

④ 一旦　发现侵权，　应　立即通知甲方。

发现错误	马上改正
发生火灾	尽快打119
有一方违约	立即终止合同

⑤ 除非　作出相反通知，　本协议期满后将延长。

王总邀请我	我才会去
增加（zēngjiā, to increase）宣传投入	这种新产品的知名度才会提高
对方违约	否则这个条款不能生效

⑥ 凡　因本合同引起的任何争议，均　应提交仲裁委员会。

有HSK 6级证书的同学	可免试（miǎnshì, to be excused from an examination）
年满18周岁的中国公民	具有选举权和被选举权
是成功人士（rénshì, people）	有自我约束力

八 用下面的词语组成句子。
Make sentences with the following words and expressions.

课文一

① 的　在　很突出　你们　销售渠道　确实　方面　优势

② 是　销售额　您　希望　最低　多少　的

③ 这个　上海　品牌　没有　知名度　在　还

④ 我们　成交额　10%　收取　都是　每笔　按　的　佣金

⑤ 每　20万元　0.5个　提高　销售　百分点　佣金率

⑥ 后　年终　佣金　一次　奖励　结算　汇付

⑦ 不能　或　到　接受　销售　招揽　上海以外地区　订单　的　贵公司

⑧ 保护　我们　的　合法　一定会　委托人　权益

九 完成对话。
Complete the dialogues.

① A：你喜欢新来的部门经理吗？

　B：＿＿＿＿＿＿＿＿＿＿＿＿＿＿＿＿＿＿。（坦率地说）

② A：你们公司怎么提取（tíqǔ, to draw, to pick up）奖金（jiǎngjīn, bonus）？

B: _____。（按）

③ A: 你们学校研究生的入学（rù xué, to enroll, to start school）要求高不高？

B: _____。（通常）

④ A: 小张辞职（cí zhí, to resign）后，她那部分业务谁来管？

B: _____。（这样吧）

⑤ A: 你觉得秘书小王的工作能力怎么样？

B: _____。（令）

⑥ A: 新招聘的这批业务人员怎么样？

B: _____。（均）

➕ 根据课文内容填空。
Fill in the blanks according to the text.

课文一

王　总：您希望的最低销售额是多少？

康爱丽：我们北京的_____，一个季度的销售定额是500万人民币。你们
能做到吗？

王　总：这对我们来说太高了。_____地说，这个品牌在上海还没有
_____，万事开头难哪。

康爱丽：这一点我们理解。这样吧，400万怎么样？

王　总：那_____是多少？

康爱丽：完成定额，按_____净售价的5%付佣金。

王　总：通常我们都是按每笔_____的10%收取佣金。

康爱丽：太高了。我们的佣金率从没超过8%。

王　总：那就很难做了。为了打开上海市场，要加大广告宣传的_____，
我们投入的成本会很高。

康爱丽：这样吧，完成销售定额后，每销售20万元，佣金率_____0.5个百
分点，最高不超过8%。

王　总：为了我们的_____合作，就这样吧。怎么支付佣金呢？

康爱丽：我们在收到每笔订单的全部货款后，每个季度汇付一次。奖励佣金
年终_____后一次汇付。

王　总：好的。

康爱丽：希望贵方每个季度能提供一份＿＿＿＿＿＿。

王　总：没问题。

康爱丽：还有，贵公司要及时提供其他供应商类似商品的报价和广告＿＿＿＿

　　　　＿＿＿。

王　总：可以。

十一 阅读理解。
Reading comprehension.

　　欧洲知名化妆品生产厂家欧雅公司要在北京寻找独家代理商，好让"欧雅"这个知名化妆品顺利登陆北京市场。经过严格的筛选，欧雅最后看中了宝姿公司。作为化妆品行业的百强企业，宝姿在北京有很好的销售渠道，并且拥有良好的信誉。

　　为签订独家代理协议，欧雅、宝姿两家公司的总经理进行了友好协商。在协商中，宝姿公司对最低销售额和佣金问题提出了异议，他们觉得每月15万美元的最低销售额、5%的佣金率不太合理，提议降低最低销售额、提高佣金率。经过几个回合的谈判，欧雅公司作出了一定的让步，将最低销售额降低了3万美元，佣金率调整到8%。

　　为使欧雅公司充分了解市场情况，宝姿公司负责每季度向欧雅提供一份市场报告，内容包括代理商品的销售情况、当地市场发展趋势以及对欧雅品牌包装、价格等方面的意见，还有类似商品的报价和广告资料。至于代理期内广告、宣传的一切费用，应由欧雅公司承担。

　　两家公司的代理协议签字仪式将于近期举行，欧雅这个欧洲知名品牌不久将在北京各大商场与消费者见面。

生词　Shēngcí　New Words

1. 化妆品	huàzhuāngpǐn	N	cosmetics
2. 欧雅公司	Ōuyǎ Gōngsī	PN	name of a company
3. 好	hǎo	V	in order to, so that
4. 登陆	dēnglù	V	to enter

5. 筛选	shāixuǎn	V	to choose
6. 看中	kànzhòng	V	to take a fancy to, to settle on
7. 宝姿公司	Bǎozī Gōngsī	PN	name of a company
8. 并且	bìngqiě	Conj	and
9. 签订	qiāndìng	V	to sign
10. 回合	huíhé	N	round, bout
11. 至于	zhìyú	Prep	as for, as to, concerning, with regard to
12. 承担	chéngdān	V	to shoulder
13. 仪式	yíshì	N	ceremony
14. 近期	jìnqī	N	in the near future, recently
15. 不久	bùjiǔ	Adj	soon, before long

选择正确答案：

Choose the right answers:

① 欧雅公司看中宝姿公司的原因是：   （   ）

    A. 佣金率低   B. 销售额高   C. 销售渠道多   D. 谈判时没有异议

② 谈判后确定的最低销售额是：   （   ）

    A. 15 万美元   B. 13 万美元   C. 12 万美元   D. 3 万美元

③ 如果宝姿公司完成了最低销售额，他们的佣金率是：   （   ）

    A. 3%   B. 5%   C. 8%   D. 11%

④ 宝姿公司的市场报告不包括：   （   ）

    A. 代理商品的销售情况   B. 当地市场的发展趋势

    C. 类似商品的销售情况   D. 类似产品的广告资料

⑤ 从文中我们可以知道：   （   ）

    A. 代理协议还没签好   B. 欧雅公司已成为独家代理商

    C. 谈判进行得不太顺利   D. 宝姿公司在欧洲很有名

完成任务。
Complete the tasks.

请上网查明3~5家欧洲公司在中国的独家代理商,并了解其中一家代理商代理销售的情况,然后在课堂上向老师和同学报告。可以几个人一组,也可以独立完成。

Make an online survey of 3~5 European companies in China and get to know the sales of one of the agents, then report to your teacher and classmates in class. It can be either a group work or an individual work.

课文 Text	题目 Title	注释 Notes
一	我们今天就聊聊市场调研的话题吧 Today let's talk about market research	1. "说到……" 2. 动词"算"（复习） The verb "算" (Review) 3. "……来说" 4. "首先……，其次……，最后……"（复习） "首先……，其次……，最后……" (Review) 5. 并列复句："既……，也……" Coordinate complex sentence: "既……，也……"
二	我们会尽快设计好调查问卷 We will design the questionnaire as soon as possible	1. 递进复句："不仅……，还……" Progressive complex sentence: "不仅……，还……" 2. "以……为主" 3. "从……入手"

我们今天就聊聊市场调研的话题吧

课文一 Text 1 Today let's talk about market research

> 周末，李明明、张远和卡尔到康爱丽家做客。他们聊起了市场调研的话题。

● 卡　尔：张远，你们在营销课上学过市场调研吗？

○ 张　远：当然。我们还分析过一些市场调研的案例。

● 康爱丽：说到市场调研，最近我们公司正在做呢。

○ 卡　尔：那我们今天就聊聊市场调研的话题吧。

● 李明明：好啊！那市场调查包括哪些内容？

○ 张　远：有市场需求调查、竞争者情况调查、企业的经营策略
　　　　　执行情况调查和政策法规情况调查。

● 卡　尔：爱丽，你们公司做的是哪种？

○ 康爱丽：算第三种吧。我们这次想了解产品的价格、销售渠
　　　　　道、广告、包装等方面的情况，还有存在的问题等。

- 李明明：你们打算用什么方法？

- 康爱丽：我们打算采用现场直接调查法，分发调查问卷询问情况，请顾客填写。

- 李明明：是不是市场调查都要做问卷？

- 张　远：不一定，这只是调研方法之一。

- 卡　尔：你们是自己做，还是委托专业的调研公司做？

- 康爱丽：我已经让市场部负责调研了。

- 李明明：具体来说，市场调研包括哪些步骤？

- 康爱丽：首先，明确想要解决的问题，确定调研目标，制订调研方案。

- 张　远：做方案时，要注意分析市场调查计划的可行性。

- 卡　尔：还有，要计划好调查范围和时间，做好经费预算。

- 康爱丽：对！调查不能盲目。

- 卡　尔：其次，开始正式调查。

- 张　远：最后，要作好资料的综合分析，作好市场研究，完成市场调研报告。

- 康爱丽：是啊，"调研"就是既要调查，也要研究。

- 李明明：看来，市场调研真是一门大学问啊！

- 康爱丽：是啊，市场调研关系着企业能否作出正确的决策。

※·※

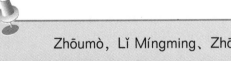

Zhōumò, Lǐ Míngming、Zhāng Yuǎn hé Kǎ'ěr dào Kāng Àilì jiā zuòkè. Tāmen liáoqǐle shìchǎng diàoyán de huàtí.

- Kǎ'ěr: Zhāng Yuǎn, nǐmen zài yíngxiāokè shang xuéguo shìchǎng diàoyán ma?

- Zhāng Yuǎn: Dāngrán. Wǒmen hái fēnxīguo yìxiē shìchǎng diàoyán de ànlì.

● Kāng Àilì: Shuōdào shìchǎng diàoyán, zuìjìn wǒmen gōngsī zhèngzài zuò ne.

○ Kǎ'ěr: Nà wǒmen jīntiān jiù liáoliao shìchǎng diàoyán de huàtí ba.

● Lǐ Míngmíng: Hǎo a! Nà shìchǎng diàochá bāokuò nǎxiē nèiróng?

○ Zhāng Yuǎn: Yǒu shìchǎng xūqiú diàochá、jìngzhēngzhě qíngkuàng diàochá、qǐyè de jīngyíng cèlüè zhíxíng qíngkuàng diàochá hé zhèngcè fǎguī qíngkuàng diàochá.

● Kǎ'ěr: Àilì, nǐmen gōngsī zuò de shì nǎ zhǒng?

○ Kāng Àilì: Suàn dì sān zhǒng ba. Wǒmen zhè cì xiǎng liǎojiě chǎnpǐn de jiàgé、xiāoshòu qúdào、guǎnggào、bāozhuāng děng fāngmiàn de qíngkuàng, hái yǒu cúnzài de wèntí děng.

● Lǐ Míngmíng: Nǐmen dǎsuàn yòng shénme fāngfǎ?

○ Kāng Àilì: Wǒmen dǎsuàn cǎiyòng xiànchǎng zhíjiē diàocháfǎ, fēnfā diàochá wènjuàn xúnwèn qíngkuàng, qǐng gùkè tiánxiě.

● Lǐ Míngmíng: Shì bu shì shìchǎng diàochá dōu yào zuò wènjuàn?

○ Zhāng Yuǎn: Bù yídìng, zhè zhǐshì diàoyán fāngfǎ zhī yī.

● Kǎ'ěr: Nǐmen shì zìjǐ zuò, háishi wěituō zhuānyè de diàoyán gōngsī zuò?

○ Kāng Àilì: Wǒ yǐjīng ràng shìchǎngbù fùzé diàoyán le.

● Lǐ Míngmíng: Jùtǐ lái shuō, shìchǎng diàoyán bāokuò nǎxiē bùzhòu?

○ Kāng Àilì: Shǒuxiān, míngquè xiǎng yào jiějué de wèntí, quèdìng diàoyán mùbiāo, zhìdìng diàoyán fāng'àn.

● Zhāng Yuǎn: Zuò fāng'àn shí, yào zhùyì fēnxī shìchǎng diàochá jìhuà de kěxíngxìng.

○ Kǎ'ěr: Hái yǒu, yào jìhuà hǎo diàochá fànwéi hé shíjiān, zuòhǎo jīngfèi yùsuàn.

● Kāng Àilì: Duì! Diàochá bù néng mángmù.

○ Kǎ'ěr: Qícì, kāishǐ zhèngshì diàochá.

● Zhāng Yuǎn: Zuìhòu, yào zuòhǎo zīliào de zōnghé fēnxī, zuòhǎo shìchǎng yánjiū, wánchéng shìchǎng diàoyán bàogào.

○ Kāng Àilì: Shì a, "diàoyán" jiù shì jì yào diàochá, yě yào yánjiū.

● Lǐ Míngmíng: Kànlái, shìchǎng diàoyán zhēn shì yì mén dà xuéwèn a!

○ Kāng Àilì: Shì a, shìchǎng diàoyán guānxizhe qǐyè néngfǒu zuòchū zhèngquè de juécè.

Li Mingming, Zhang Yuan and Karl visit Alice on the weekend. They talk about market research.

● Karl: Zhang Yuan, did you learn market research in your marketing course?

○ Zhang Yuan: Sure. We also analyzed some cases of market research.

● Alice: Talking about market reseach, our company is just doing it recently.

○ Karl: Let's talk about market research today.

● Li Mingming: Fine. What are included in market research then?

○ Zhang Yuan: Market needs, a company's rivals, and a company's management tactics, policies and regulations.

● Karl: What kind of market research is your company doing, Alice?

○ Alice: The third one, I guess. We are investigating the products' prices, sales channels, advertising, packing, and the existing problems.

● Li Mingming: What method are you going to use?

○ Alice: We are going to conduct a survey, asking each customer to fill out a questionnaire.

● Li Mingming: Is the questionnaire a must in market research?

○ Zhang Yuan: Not necessarily. This is just one of the research methods.

● Karl: Will you do the research yourself, or entrust it to a professional research company?

○ Alice: I've asked the Marketing Department of the company to take care of it.

● Li Mingming: Specifically, what are the steps in market research?

○ Alice: Firstly, you need to state explicitly the questions to be solved, determine the purpose of the research, and develop a research program.

● Zhang Yuan: You need to analyze the feasibility of a research program when you develop it.

○ Karl: In addition, you need to conceive the scope and time of an investigation and make a good budget.

● Alice: That's right. You cannot do an investigation blindly.

○ Karl: Secondly, start your investigation.

● Zhang Yuan: At last, you need to do a comprehensive analysis of the data, do market research and write the report.

○ Alice: Yes, market research includes both investigation and research.

● Li Mingming: It looks like that market research is worth learning with great efforts.

○ Alice: Absolutely. Market research has a bearing on whether an enterprise can make the right decisions.

生词　Shēngcí　New Words

1.	聊	liáo	V	to talk, to chat
2.	调研	diàoyán	V	to investigate and research
3.	话题	huàtí	N	topic, subject
4.	分析	fēnxī	V	to analyze
5.	政策	zhèngcè	N	policy
6.	法规	fǎguī	N	laws and regulations
7.	存在	cúnzài	V	to exist
8.	方法	fāngfǎ	N	method, means
9.	分发	fēnfā	V	to distribute
10.	问卷	wènjuàn	N	questionnaire
11.	询问	xúnwèn	V	to inquire, to ask
12.	填写	tiánxiě	V	to fill in, to fill out
13.	专业	zhuānyè	Adj	professional
14.	具体来说	jùtǐ lái shuō		specifically
15.	步骤	bùzhòu	N	step
16.	明确	míngquè	V	to make clear
17.	可行性	kěxíngxìng	N	feasibility
18.	经费	jīngfèi	N	fund, expenditure
19.	盲目	mángmù	Adj	blind, aimless
20.	其次	qícì	Pr	secondly
21.	正式	zhèngshì	Adj	official, formal

| 22. 学问 | xuéwèn | N | knowledge, learning |
| 23. 决策 | juécè | N | decision |

注释 Zhùshì Notes

1 说到市场调研，最近我们公司正在做呢。

Talking about market research, our company is just doing it recently.

"说到……"，表示"提起、谈到、说起"的意思，可以带代词、名词（词组）作宾语。其中的"到、起"均为动词，表示动作关涉到某人或某事。例如：

"说到……" meaning "speaking of, talking about", can be followed by a pronoun, a noun or noun phrase as its object. Both "到" and "起" are verbs, indicating somebody or something is involved in some action. For example,

① 说到资格预审，它是招标人为了保证把标书只给能胜任的厂商而采取的制度。

② 说到康爱丽，她确实是一位能干的经理人。

③ 说到丽人公司申请独家代理的事，我们老板很关注。

2 算第三种吧。**The third one, I guess.**

"算"，动词，"认做、当做"的意思，表示把某一对象归属于某一类。作状语，修饰动词、形容词。例如：

"算" is a verb, meaning "be considered as, be regarded as" and indicating to categorize something in a certain group. It is used as an adverbial to modify a verb or an adjective. For example,

① 这不算公开招标。

② 卡尔经常问张远一些商务汉语的问题，张远算是他的老师。

③ 这份协议是小宋签的，不能算你的业绩。

3 具体来说，市场调研包括哪些步骤？

Specifically, what are the steps in market research?

"……来说"，表示说明事物的方式。"具体来说"表示说明具体的情况或列举一些实例来说明；"一般来说"表示从一般的情况来说明；"总的来说"表示从总体上来说明。例如：

"……来说" indicates a method to explain something. "具体来说" means to explain something in detail or with some examples; "一般来说" means to explain the general situation of something; "总的来说" means to explain the overall situation. For example,

① 北京有很多名胜古迹，具体来说，有长城、故宫、颐和园等。

② 一般来说，来北京的外国游客喜欢去后海（Hòu Hǎi, name of a place in Beijing）划船（huá chuán, to go boating）喝酒，去秀水市场（Xiùshuǐ Shìchǎng, a free market in Beijing）购物。

③ 总的来说，市场调研既要调查，也要研究，二者缺一不可（quē yī bù kě, neither is dispensable）。

4 首先，明确想要解决的问题，……其次，开始正式调查。最后，要作好资料的综合分析。

Firstly, you need to state explicitly the questions to be solved, ... Secondly, start your investigation. At last, you need to do a comprehensive analysis of the data.

"首先……，其次……，最后……"，表示几项事情的比较和列举，相当于"第一……，第二……，第三……"，即分几个步骤来说明或者描写一件事情。"首先"，连词，"第一"的意思，放在句子开头或主语前。"其次"，代词，表示列举时次序靠后或是"第二"。"最后"，名词，表示在时间和次序上在其他的后面。例如：

"首先……，其次……，最后……" is used to compare or list a number of things, equivalent to "first..., second..., third...", explaining or describing one thing in several steps. "首先" is a conjunction, meaning "first", which is placed at the beginning of a sentence or just before the subject. "其次" is a pronoun, indicating after the first one or the second item in the enumeration. "最后" is a noun, indicating after all the others in time or in sequence. For example,

① 去外国旅行，首先要办护照，其次要办签证（qiānzhèng, visa），最后还要买机票、收拾（shōushi, to pack）行李。

② 上网订机票，首先要注册账户，其次要选择合适的航班，最后还要网上付费。

③ 做销售，首先是态度，其次是专业和技巧，最后才是价格。

④ 投标的程序是，首先投标人交标书，其次招标人开标、评标，最后定标。

5 "调研"就是既要调查，也要研究。

Market research includes both investigation and research.

"既……，也……"，构成并列复句，连接两个结构相同或相似的词语，表示两个动作同时发生或同时处于两种状态。这两个动作或两种状态在意义上往往是相对的，后一部分常常表示进一步补充说明。后一小句的"也"不能省略。"既"，副词，用在并列复句的前一小句中，表示不止这一个方面，不能放在主语的前面。例如：

"既……，也……" is used to form a coordinate complex sentence, connecting two words or expressions with the same or similar structure and indicating two actions happen at the same time or being in two states at the same time. The two actions or states are usually opposite in meaning, the latter part often indicating a further explanation. "也" in the second clause cannot be omitted. "既" is an adverb used in the first clause of a coordinate complex sentence, meaning this is not the only aspect. It cannot be used before the subject. For example,

① 圣兰公司既没和我们公司签约，也没和丽人公司签约。

② 他既是我的朋友，也是我的合作伙伴。

③ 做市场调研方案时，既要分析调查计划的可行性，也要做好经费预算。

2 我们会尽快设计好调查问卷

Wǒmen Huì Jǐnkuài Shèjì Hǎo Diàochá Wènjuàn

We will design the questionnaire as soon as possible

圣兰公司计划在中国推广运动服装品牌。康爱丽召开业务会议，与市场部的李经理、张副经理、刘副经理和秘书小钱一起讨论如何在北京开展市场调研。

● 康爱丽： 李经理，这次市场调研，你们准备怎么做？

○ 李经理： 北京是这次推广活动的第一站，首先，我们要研究北京地区的消费状况和购买力水平。

● 张副经理：我们会调查消费者的购买动机，分析他们的潜在需求，寻找市场经营的机会。

○ 李经理： 其次，我们要研究北京地区竞争品牌的状况，特别是耐克、阿迪达斯、李宁等国内外知名运动品牌。

● 刘副经理：具体来说，我们打算研究各种营销报刊杂志、各大品牌的官方网站，研究他们的广告和促销手段。

○ 康爱丽： 对，要知己知彼。不仅要调查市场需求，还要充分了解我们的竞争对手。报告要全面，要为我们的运动品牌作出准确的定位。

● 李经理： 好的，我们一定注意。

○ 康爱丽： 市场调研要全方位、多渠道，这样才能得出更加科学有效的结论。你们有什么具体的打算？

● 李经理： 我们计划以问卷调查为主。调查从三个方面入手，包括街头访问、在各销售网点分发调查表，还有网上填写调查问卷。

○ 康爱丽： 很好，就这么定了。调查问卷的设计很关键，你们说说看。

● 张副经理：设计问卷时，我们计划对消费者的类型进行细分，比如从性别、年龄、职业、月收入等方面来分。

○ 刘副经理：一般的问卷通常问"有什么"、"是什么"、"发生了什么"等定量问题比较多，但我们会注意设计一些问"为什么"的定性问题。

● 康爱丽： 嗯，很好！定量问题会提供大量的数据，定性问题可以帮我们了解消费者的动机、态度等。好好儿设计一下。

○ 李经理： 我们会尽快设计好调查问卷，请您过目。

● 康爱丽： 人手紧张吗？我可以让小钱协助你们。

○ 李经理： 暂时不用。我们进行了分工，张副经理负责信息收集和问卷调查，刘副经理负责问卷分析和调查报告的撰写。

● 康爱丽： 好！调查时要注意样本的容量。

○ 张副经理：是。

● 康爱丽： 今天的会议就到这儿。

※ · ※ · ※ · ※ · ※ · ※ · ※ · ※ · ※ · ※ · ※ · ※ · ※ · ※ · ※ · ※ · ※ · ※

> Shènglán Gōngsī jìhuà zài Zhōngguó tuīguǎng yùndòng
> fúzhuāng pǐnpái. Kāng Àilì zhàokāi yèwù huìyì, yǔ shìchǎngbù
> de Lǐ jīnglǐ, Zhāng fùjīnglǐ, Liú fùjīnglǐ hé mìshū Xiǎo Qián yìqǐ
> tǎolùn rúhé zài Běijīng kāizhǎn shìchǎng diàoyán.

● Kāng Àilì: Lǐ jīnglǐ, zhè cì shìchǎng diàoyán, nǐmen zhǔnbèi zěnme zuò?

○ Lǐ jīnglǐ: Běijīng shì zhè cì tuīguǎng huódòng de dì yī zhàn, shǒuxiān, wǒmen yào yánjiū Běijīng dìqū de xiāofèi zhuàngkuàng hé gòumǎilì shuǐpíng.

● Zhāng fùjīnglǐ: Wǒmen huì diàochá xiāofèizhě de gòumǎi dòngjī, fēnxī tāmen de qiánzài xūqiú, xúnzhǎo shìchǎng jīngyíng de jīhui.

○ Lǐ jīnglǐ: Qícì, wǒmen yào yánjiū Běijīng dìqū jìngzhēng pǐnpái de zhuàngkuàng, tèbié shì Nàikè, Ādídásī, Lǐ Níng děng guónèi-wài zhīmíng yùndòng pǐnpái.

● Liú fùjīnglǐ: Jùtǐ lái shuō, wǒmen dǎsuàn yánjiū gè zhǒng yíngxiāo bàokān zázhì, gè dà pǐnpái de guānfāng wǎngzhàn, yánjiū tāmen de guǎnggào hé cùxiāo shǒuduàn.

○ Kāng Àilì: Duì, yào zhī jǐ zhī bǐ. Bùjǐn yào diàochá shìchǎng xūqiú, hái yào chōngfèn liǎojiě wǒmen de jìngzhēng duìshǒu. Bàogào yào quánmiàn, yào wèi wǒmen de yùndòng pǐnpái zuòchū zhǔnquè de dìngwèi.

● Lǐ jīnglǐ: Hǎo de, wǒmen yídìng zhùyì.

○ Kāng Àilì: Shìchǎng diàoyán yào quánfāngwèi, duō qúdào, zhèyàng cái néng déchū gèngjiā kēxué yǒuxiào de jiélùn. Nǐmen yǒu shénme jùtǐ de dǎsuàn?

● Lǐ jīnglǐ: Wǒmen jìhuà yǐ wènjuàn diàochá wéi zhǔ. Diàochá cóng sān ge fāngmiàn rùshǒu, bāokuò jiētóu fǎngwèn, zài gè xiāoshòu wǎngdiǎn fēnfā diàochábiǎo, hái yǒu wǎngshang tiánxiě diàochá wènjuàn.

○ Kāng Àilì: Hěn hǎo, jiù zhème dìng le. Diàochá wènjuàn de shèjì hěn guānjiàn, nǐmen shuōshuo kàn.

● Zhāng fùjīnglǐ: Shèjì wènjuàn shí, wǒmen jìhuà duì xiāofèizhě de lèixíng jìnxíng xìfēn, bǐrú cóng xìngbié、niánlíng、zhíyè、yuèshōurù děng fāngmiàn lái fēn.

○ Liú fùjīnglǐ: Yìbān de wènjuàn tōngcháng wèn "yǒu shénme"、"shì shénme"、"fāshēngle shénme" děng dìngliàng wèntí bǐjiào duō, dàn wǒmen huì zhùyì shèjì yìxiē wèn "wèi shénme" de dìngxìng wèntí.

● Kāng Àilì: Ňg, hěn hǎo! Dìngliàng wèntí huì tígōng dàliàng de shùjù, dìngxìng wèntí kěyǐ bāng wǒmen liǎojiě xiāofèizhě de dòngjī、tàidu děng. Hǎohāor shèjì yíxià.

○ Lǐ jīnglǐ: Wǒmen huì jǐnkuài shèjì hǎo diàochá wènjuàn, qǐng nín guòmù.

● Kāng Àilì: Rénshǒu jǐnzhāng ma? Wǒ kěyǐ ràng Xiǎo Qián xiézhù nǐmen.

○ Lǐ jīnglǐ: Zànshí bú yòng. Wǒmen jìnxíngle fēngōng, Zhāng fùjīnglǐ fùzé xìnxī shōují hé wènjuàn diàochá, Liú fùjīnglǐ fùzé wènjuàn fēnxī hé diàochá bàogào de zhuànxiě.

● Kāng Àilì: Hǎo! Diàochá shí yào zhùyì yàngběn de róngliàng.

○ Zhāng fùjīnglǐ: Shì.

● Kāng Àilì: Jīntiān de huìyì jiù dào zhèr.

※·※

Shenglan Garment (China) Co. Ltd. is planning to carry out some brand promotion activities around China for the sportswear it makes. Alice is discussing how to carry out a market research in Beijing with her colleagues of the Marketing Department, i.e., Mr. Li, the Manager, Mr. Zhang and Mr. Liu, the Deputy Managers, and her secretary Xiao Qian.

● Alice: Mr. Li, what are you going to do for the market research?

○ Li: Beijing is the first leg of the promotion activities. First of all, we need to study the consumption and purchasing power in Beijing.

● Zhang: We will investigate the consumers' motivation in purchasing and analyze their potential needs so as to seek the business opportunities in the market.

○ Li: Secondly, we need to study the brands competitive with our products in Beijing, especially those established international and domestic sports brands, such as Nike, Adidas, Lining, etc.

● Liu: To be more specific, we will do research on the various types of marketing newspapers and periodicals marketing as well as the websites of major brands, so as to study the means of their advertising and promotion.

○ Alice: Right, we need to know well of ourselves and our competitors. We need not only to investigate the market demand, but also to have a good understanding of our competitors. The report must be comprehensive so as to accurately determine the position of the sports brand.

● Li: Sure, we got it.

○ Alice: Please do the market research using a comprehensive and multi-channel approach, so as to arrive at more scientific and effective conclusions. Do you have any specific plans?

● Li: Questionnaires will be mainly used in our investigation. The investigation will be conducted in three ways, i.e., conducting interviews on the street, handing out questionnaires in all the sales outlets, and filling in online questionnaires.

○ Alice: Good, that's settled then. The design of the questionnaire is critical. Please tell me the details.

● Zhang: When we design the questionnaire, we will divide the consumers into different types based on their gender, age, occupation, salary, etc.

○ Liu: Generally, there are many quantitative questions in a questionnaire, such as "what does somebody have", "what is it", or "what happened", etc. However, we will design more qualitative questions that make use of "why" in it.

● Alice: Well, good! Quantitative questions provide mass data, while qualitative questions help us know the motivation and attitude of consumers. Try to do a good job in designing the questionnaire.

○ Li: We will finish designing the questionnaire as soon as possible.

● Alice: Is the Department understaffed? If necessary, I'll let Xiao Qian help you.

○ Li: We don't need help for the moment. We share the responsibilities: Mr. Zhang is responsible for gathering the information and investigation using the questionnaires and Mr. Liu is in charge of analyzing the questionnaires and writing the report.

● Alice: Good! Please pay attention to the sample size when you do the investigation.

○ Zhang: No problem!

● Alice: That's all for today.

生词   Shēngcí   New Words

1. 状况	zhuàngkuàng	N	condition, situation
2. 购买力	gòumǎilì	N	purchasing power
3. 动机	dòngjī	N	motive, motivation
4. 特别	tèbié	Adv	especially
5. 报刊	bàokān	N	newspapers and periodicals
6. 官方	guānfāng	N	official
7. 手段	shǒuduàn	N	method, means
8. 准确	zhǔnquè	Adj	precise, accurate
9. 全方位	quánfāngwèi	N	comprehensive
10. 科学	kēxué	Adj	scientific
11. 结论	jiélùn	N	conclusion
12. 入手	rùshǒu	V	to start or begin
13. 街头	jiētóu	N	street
14. 访问	fǎngwèn	V	to interview
15. 网点	wǎngdiǎn	N	sales network, outlet
16. 细分	xìfēn	V	to subdivide
17. 职业	zhíyè	N	occupation, job
18. 收入	shōurù	N	income
19. 定量	dìngliàng	V	to quantify
20. 定性	dìngxìng	V	to qualify

21. 大量	dàliàng	Adj	numerous, massive
22. 数据	shùjù	N	data
23. 态度	tàidu	N	attitude
24. 人手	rénshǒu	N	manpower
25. 分工	fēngōng	V	to divide the labor
26. 撰写	zhuànxiě	V	to write
27. 样本	yàngběn	N	specimen, sample
28. 容量	róngliàng	N	capacity

专有名词 Zhuānyǒu Míngcí **Proper Nouns**

1. 耐克	Nàikè	Nike, name of a brand
2. 阿迪达斯	Ādídásī	a brand named after the founder of the company
3. 李宁	Lǐ Níng	a brand named after the founder of the company, a well-known Chinese gymnast and entrepreneur
4. 刘	Liú	a surname

注释 Zhùshì **Notes**

1 不仅要调查市场需求，还要充分了解我们的竞争对手。

We need not only to investigate the market demand, but also to have a good understanding of our competitors.

"不仅……，还……"，构成递进复句，表示后一句的意思比前一句更进一步，也常说"不仅……，而且……"。例如：

"不仅……，还……" is used to connect clauses in a progressive complex sentence, meaning that the latter clause is one step further than the previous one. "不仅……，而且……" is also often used in such sentences. For example,

①北京不仅吸引着全国各地的游客，还吸引着世界各地的游客。

②我们不仅跟很多中国公司合作，还在北京设立（shèlì, to establish）了分公司。

③市场调研不仅可以调查市场需求，还可以了解竞争对手。

2　**我们计划以问卷调查为主。**
Questionnaires will be mainly used in our investigation.

"以……为主"，用来说明事物的主要内容或主要方面。例如：

"以……为主" is used to indicate the main content or the main aspect of something. For example,

①下周的天气以晴天为主，部分地区有雨。

②我们公司以销售笔记本电脑为主。

③目前中国国内出境游（chūjìngyóu, overseas travel）的主要目的地（mùdìdì, destination）以日本、韩国及东南亚（Dōngnányà, Southeast Asia）国家为主。

④今天的业务会以讨论市场调研报告为主，其他的事情会后再说。

3　**调查从三个方面入手，……**
The investigation will be conducted in three ways.

"从……入手"，表示用某方面作为起点来处理问题。例如：

"从……入手" means to handle an issue by doing something first. For example,

①这次市场调查要从客户的潜在需求入手。

②我们从多方面入手，为这次谈判作了充分的准备。

③申请独家代理要从自己的优势入手。

练习　Liànxí　**Exercises**

一　跟读生词，注意发音和声调。
Read the new words after the teacher and pay attention to your pronunciation and tones.

二　跟读课文，注意语音语调。
Read the texts after the teacher and pay attention to your pronunciation and intonation.

三　学生分组，分角色朗读课文一、二。
Divide the students into groups and read Texts 1 & 2 in roles.

四　学生分组，不看书，分角色表演课文一、二。
Divide the students into groups and play the roles in Texts 1 & 2 without referring to the book.

五　角色扮演。（提示：角色可以互换。）
Role playing. (Note: the roles can be exchanged.)

1. 两人一组，A扮演某公司的总经理，B扮演副经理，自由选择一种产品谈谈市场调研的问题。要求：谈谈市场调研的目的、内容、方法和步骤等。
Students work in pairs. Suppose A is the General Manager and B is the Deputy Manager of a company. Please discuss the market research for a product you choose. The purpose, content, methods and steps of the market research should be included in your discussion.

2. 两人一组，分别扮演某公司的两位副经理，两人选择一种产品，商量如何选择被调查者，如何设计调查问卷等问题。
Students work in pairs. Suppose A and B are the two deputy managers of a company. Please choose a product and discuss how to choose the interviewees, and how to design a questionnaire, etc.

六　复述课文一和课文二。
Retell Texts 1 & 2.

七 替换练习。
Substitution drills.

① 说到 <u>市场调研</u>, <u>最近我们公司正在做呢</u>。

卡尔	他确实是一位很好的合作伙伴
北京	很多外国人会想起故宫、长城等名胜古迹
调研方法	我们公司打算选择问卷调查的方式
产品的价格和需求	市场调研会帮助我们更好地了解

② <u>这</u> 只是 <u>调研方法</u> 之一。

市场需求调查	市场调查的内容
李副经理	这次市场调研的负责人
现场直接调查法	市场调研的方法
确定调研目标	市场调研的步骤

③ <u>我们公司的市场调研</u> 算 <u>第三种</u>。

北京	我们公司这次市场调研的第一站
这家服装公司的产品	中国的知名品牌
此次市场调研	今年年初我们公司的头等（tóuděng, primary）大事
这次招标	邀请招标

④ <u>具体</u> 来说， <u>市场调研包括哪些步骤？</u>

具体	市场调研包括四个方面的内容
一般	市场调研会采用问卷调查法
总的	市场调研关系着企业能否作出正确的决策
总的	市场调研既要调查，又要研究，缺一不可

⑤ 我们计划　以　问卷调查　为主。

下周的天气	晴天
我们公司的产品	运动品牌
这次市场调研	竞争者情况调查
今天的业务会	讨论市场调研报告

⑥ 调查　从　三个方面　入手。

这次市场调查	客户的购买力水平
申请独家代理	自己的优势
此次谈判	价格问题
新产品的开发	消费者的需求

八 用下面的词语组成句子。
Make sentences with the following words and expressions.

课文一

① 吗　在　上　学过　营销课　市场调研　你们

② 调查法　我们　采用　现场　打算　直接

③ 都　是不是　要　做　市场调查　问卷

④ 专业的　我们　公司　委托　做　还是　调研

⑤ 想要　首先　的　解决　明确　问题

⑥ 计划　的　分析　做方案时　要注意　可行性　市场调查

⑦ 既　市场调研　调查　要　研究　也　要

⑧ 啊　一门　是　市场调研　大学问　真

⑨ 企业　市场调研　正确的　能否　决策　作出　关系着

课文二

① 推广　北京　的　这次　是　活动　第一站

② 研究　我们　的　北京地区　状况　消费　要

③ 打算　我们　官方　各大品牌　网站　的　研究

④ 定位　要　运动品牌　我们的　准确的　为　作出

⑤ 全方位　市场　要　多渠道　调研

⑥ 计划　我们　消费者的　类型　进行细分　对

⑦ 提供　的　会　问题　数据　定量　大量

⑧ 会　我们　问卷　设计　调查　好　尽快

⑨ 可以　你们　小钱　协助　我　让

⑩ 问卷　负责　信息　收集　调查　张副经理　和

九 用"既……也……"改写下面的句子。
Rewrite the following sentences with "既……也……".
① 圣兰公司没和我们签约。圣兰公司没和丽人公司签约。

_____

② 他是我的朋友。他是我的合作伙伴。

_____

③ 做市场调研方案时，要分析调查计划的可行性。做市场调研方案时，要做好经费预算。

_____

④ 进行市场调研时，要调查。进行市场调研时，要研究。

_____

⑤ 这次市场调研，要了解产品的潜在需求。这次市场调研，要了解竞争者的情况。

_____

十 用"不仅……还……"改写下面的句子。
Rewrite the following sentences with "不仅……还……".

① 北京吸引着全国各地的游客。北京吸引着世界各地的游客。

_____

② 我们跟很多中国公司合作。我们在北京设立了分公司。

_____

③ 市场调研可以调查市场需求。市场调研可以了解竞争对手。

_____

④ 调查问卷要包括定量问题。调查问卷要包括定性问题。

_____

⑤ 市场调研要计划好调查的范围和时间。市场调研要做好经费预算。

_____

十一 完成对话。
Complete the dialogues.

① A: 市场调查包括哪些内容？

B: _____。

② A: 你们公司做哪种市场调研？

B: _____。

③ A: 你们公司打算用什么市场调研方法?

　　B: _____。

④ A: 市场调研包括哪些步骤?

　　B: _____。

⑤ A: 你们的市场调查计划以什么为主?

　　B: _____。

⑥ A: 你们的市场调查从哪些方面入手?

　　B: _____。

⑦ A: 设计调查问卷时,要注意什么?

　　B: _____。

⑧ A: 设计调查问卷时,哪些问题属于定量问题?

　　B: _____。

⑨ A: 设计调查问卷时,哪些问题属于定性问题?

　　B: _____。

⑩ A: 为什么说市场调研很重要?

　　B: _____。

十二　阅读理解。
Reading comprehension.

　　据国外媒体报道,某市场研究公司今天发布数据报告,称2009年全球上网本出货量为3020万台,同比增加79%。

　　报告称,目前上网本市场主要在北美和欧洲。这两个地区上网本销售量在2009年增幅非常明显。预计2010年上网本市场将持续增长。主要的上网本厂商包括宏碁、华硕、惠普、戴尔等。

　　业内人士分析,由于经济环境的不景气,人们对电脑的需求由传统型笔记本转向了上网本。这主要是由于上网本的便捷和廉价。一些仅需简单应用的人士很自然地就选择了上网本。

生词 Shēngcí **New Words**

1. 报道	bàodào	V	to report
2. 某	mǒu	Pr	certain, some
3. 上网本	shàngwǎngběn	N	netbook, a small and low-cost laptop computer, generally used for browsing the Internet
4. 同比	tóngbǐ	V	to compare with the same period of last year
5. 北美	Běiměi	PN	North America
6. 增幅	zēngfú	N	growth scope
7. 预计	yùjì	V	to estimate
8. 宏碁	Hóngqí	PN	Acer, a computer company
9. 华硕	Huáshuò	PN	Asus, a computer company
10. 惠普	Huìpǔ	PN	Hewlett-Packard, a computer company
11. 戴尔	Dài'ěr	PN	Dell, a computer company
12. 业内	yènèi	N	in this field
13. 景气	jǐngqì	Adj	prosperous, booming
14. 便捷	biànjié	Adj	convenient
15. 廉价	liánjià	Adj	inexpensive
16. 简单	jiǎndān	Adj	simple
17. 自然	zìrán	Adj	natural

回答问题：

Answer the questions:

① 2009 年全球上网本的销量如何？

② 目前上网本市场主要集中在哪些地区？

③ 预计 2010 年上网本的市场发展如何？

④ 主要的上网本厂商包括哪些？

⑤ 为什么越来越多的人选择上网本？

十三 完成任务。
Complete the tasks.

1. 调查：Investigation:

介绍自己工作的公司或其他公司是怎么进行市场调研的，包括：市场调研的目的是什么？包括哪些内容？采用了什么方法？包括哪些重要的步骤？具体作了哪些分析？得出了什么重要的结论？……

Talk about how the market research was conducted in the company you worked for or other companies. Your presentation will include: What were the purposes of the market research? What did the market research include? What methods were used? What were the major steps? What analyses did you do? What were the conclusions?...

2. 实践：Field work:

2~4 人一组，进行调研活动。可以自己选定题目，如调查大学生喜欢的运动品牌、学校附近最受欢迎的饭馆、外国人最喜欢的北京的风景名胜，等等。

Students work in pairs and carry out a research. You can choose the topic at will, for example, investigating the college students' favorite sports brand, the most popular restaurant near the campus, or foreigners' favorite scenic spots in Beijing, etc.

活动要求：Requirements:

(1) 设计一份调查问卷。

Design a questionnaire.

(2) 在街头或校园发放并回收调查问卷。

Distribute and collect questionnaires on the street or on the campus.

(3) 根据调查结果，写出书面调查报告。问卷至少要回收 10 份。

Write a report based on the research results. At least 10 copies of questionnaires must be collected.

(4) 在课堂上，向老师和同学介绍本组的调查问卷和调查报告。

Make a presentation in class about the questionnaires and research report for your group.

设计调查问卷时请注意下面的问题：Tips for designing the questionnaire:

(1) 对调查者进行细分时，要包括年龄、性别、生活习惯、生活水平等内容。
People to be investigated should be divided into different groups based on their age, gender, living habits and living standards, etc.

(2) 设计问卷问题时，要包括"为什么"、"有多少"、"是什么"、"发生了什么"等类型。
The questionnaire must include questions that make use of interrogative words like "why", "how many/much" and "what", etc.

第四单元
UNIT 4

促销活动
Sales promotion

课文 Text	题目 Title	注释 Notes
一	商场都在搞促销活动 All the stores are having sales promotion	1. 动词"搞" The verb "搞" 2. 动词"当"（dàng） The verb "当"（dàng） 3. 动词"打折" The verb "打折"
二	你们的主意真不错 Your ideas are great	1. 名词解释："软广告" Explanation of the noun "软广告" 2. "对……来说"

1

Shāngchǎng Dōu Zài Gǎo Cùxiāo Huódòng

商场都在搞促销活动

课文一 Text 1　All the stores are having sales promotion

为了投资，张远的父母在市区买了一套房子。张远想为他们买空调。五一期间，卡尔陪张远去电器城。

- 卡　尔：这里真是人山人海呀！

- 张　远：是呀。五一黄金周，商场都在搞促销活动，所以人特别多。

- 卡　尔：没关系，就当体验生活！

- 张　远：不过现在买比平时便宜不少。看那个广告——买打折空调，送精美餐具，抽笔记本电脑。过去看看！

  （他们来到一个柜台前。）

- 张　远：这台空调多少钱？

- 售货员：2980 元。我们在搞优惠活动，您现在买，可以打 9 折，还能送您一套餐具。

● 卡　尔：我看门口有很多人在抽奖。

○ 售货员：是的，今天购物满500元的顾客，都可以参加我们商场的抽奖活动，中奖率100%，一等奖是笔记本电脑。

● 张　远：价钱还可以，不过不知道你们的售后服务怎么样。

○ 售货员：您放心！我们是国产名牌，口碑非常好。而且一般空调的整机保修期是两年，我们是三年。

● 张　远：家电行业的竞争越来越激烈了。

○ 卡　尔：是呀，前几天我在电视上看到一个广告——一千八百八，空调送到家！

● 张　远：才一千八百八？那我们去看看那款空调吧。

○ 卡　尔：好啊。

（他们来到另一个柜台前。）

● 卡　尔：这就是电视上说的那款空调吗？

○ 售货员：对。如果您现在买，除了有礼物赠送，还可以参加我们的抽奖活动。

● 张　远：噪声大吗？

○ 售货员：正开着呢，不到 23 分贝，您听听。

● 卡　尔：静音效果还不错！

○ 售货员：还有睡眠模式，很适合老人和孩子用。

● 张　远：还是这款空调的性价比高一些，就买这个吧。

Wèile tóuzi, Zhāng Yuǎn de fùmǔ zài shìqū mǎile yí tào fángzi. Zhāng Yuǎn xiǎng wèi tāmen mǎi kōngtiáo. Wǔ-Yī qījiān, Kǎ'ěr péi Zhāng Yuǎn qù diànqìchéng.

● Kǎ'ěr: Zhèli zhēn shì rén shān rén hǎi ya!

○ Zhāng Yuán: Shì ya. Wǔ-Yī huángjīnzhōu, shāngchǎng dōu zài gǎo cùxiāo huódòng, suǒyǐ rén tèbié duō.

● Kǎ'ěr: Méi guānxi, jiù dàng tǐyàn shēnghuó!

○ Zhāng Yuán: Búguò xiànzài mǎi bǐ píngshí piányi bù shǎo. Kàn nàge guǎnggào —— mǎi dǎzhé kōngtiáo, sòng jīngměi cānjù, chōu bǐjìběn diànnǎo. Guòqù kànkan!

　　 (Tāmen láidào yí ge guìtái qián.)

● Zhāng Yuán: Zhè tái kōngtiáo duōshao qián?

○ Shòuhuòyuán: Liǎngqiān jiǔbǎi bāshí yuán. Wǒmen zài gǎo yōuhuì huódòng, nín xiànzài mǎi, kěyǐ dǎ jiǔ zhé, hái néng sòng nín yí tào cānjù.

● Kǎ'ěr: Wǒ kàn ménkǒu yǒu hěn duō rén zài chōujiǎng.

○ Shòuhuòyuán: Shì de, jīntiān gòuwù mǎn wǔbǎi yuán de gùkè, dōu kěyǐ cānjiā wǒmen shāngchǎng de chōujiǎng huódòng, zhòngjiǎnglǜ bǎi fēnzhī bǎi, yīděngjiǎng shì bǐjìběn diànnǎo.

● Zhāng Yuán: Jiàqián hái kěyǐ, búguò bù zhīdào nǐmen de shòuhòu fúwù zěnmeyàng.

○ Shòuhuòyuán: Nín fàngxīn! Wǒmen shì guóchǎn míngpái, kǒubēi fēicháng hǎo. Érqiě yìbān kōngtiáo de zhěngjī bǎoxiūqī shì liǎng nián, wǒmen shì sān nián.

● Zhāng Yuán: Jiādiàn hángyè de jìngzhēng yuè lái yuè jīliè le.

○ Kǎ'ěr: Shì ya, qián jǐ tiān wǒ zài diànshì shang kàndào yí ge guǎnggào —— yìqiān bābǎi bā, kōngtiáo sòngdào jiā!

● Zhāng Yuán: Cái yìqiān bābǎi bā? Nà wǒmen qù kànkan nà kuǎn kōngtiáo ba.

○ Kǎ'ěr: Hǎo a.

　　 (Tāmen láidào lìng yí ge guìtái qián.)

● Kǎ'ěr: Zhè jiù shì diànshì shang shuō de nà kuǎn kōngtiáo ma?

○ Shòuhuòyuán: Duì. Rúguǒ nín xiànzài mǎi, chúle yǒu lǐwù zèngsòng, hái kěyǐ cānjiā wǒmen de chōujiǎng huódòng.

● Zhāng Yuán: Zàoshēng dà ma?

○ Shòuhuòyuán: Zhèng kāizhe ne, bú dào èrshísān fēnbèi, nín tīngting.

● Kǎ'ěr: Jìngyīn xiàoguǒ hái búcuò!

○ Shòuhuòyuán: Hái yǒu shuìmián móshì, hěn shìhé lǎorén hé háizi yòng.

● Zhāng Yuán: Háishi zhè kuǎn kōngtiáo de xìngjiàbǐ gāo yìxiē, jiù mǎi zhège ba.

※·※

● Karl: What a huge crowd of people!

○ Zhang Yuan: Right. All the stores are having sales promotion during the May Day Golden Week, so there are so many people.

● Karl: Never mind. I'm going through a new experience.

○ Zhang Yuan: However, things are much cheaper now than that on normal days. Look at the advertisement—Buying discounted air conditioner, you will get a set of beautiful tableware and have the chance to win a laptop in a lucky draw! Let's go and have a look!

● Zhang Yuan: How much is this air conditioner?

○ Salesperson: 2980 *yuan*. It's on sale now. If you buy it, you can have a 10% discount and a free set of tableware.

● Karl: A lot of people are drawing lots at the entrance.

○ Salesperson: Yes. Every customer purchasing up to 500 *yuan* can join the lucky draw of the shopping mall. The winning rate is 100%, the first prize being a laptop.

● Zhang Yuan: The price sounds reasonable, but I am wondering if you have good after-sale service.

○ Salesperson: Relax! It's a name brand in China with a good reputation. In general, the warranty period for an air conditioner is two years, but ours is three years.

● Zhang Yuan: The competition in the household appliances industry is becoming more and more intense.

○ Karl: That's true! A few days ago, an advertisement on TV said: "1880 *yuan* air conditioner you pay, home delivery service provide we may!"

● Zhang Yuan: Just 1880 *yuan*? Let's go for it.

○ Karl: OK!

(They are coming to another counter.)

● Karl: Is this the air conditioner advertisd on TV?

○ Salesperson: Exactly. If you buy it now, you will have a free gift and join the lucky draw.

- Zhang Yuan: Is it noisy?
- Salesperson: The machine is on. Listen! The noise level is less than 23 db.
- Karl: It's pretty quiet!
- Salesperson: It also has a sleep mode, which is suitable for the elderly and children to use.
- Zhang Yuan: This air conditioner has a better cost performance. I'll buy it.

生词 Shēngcí New Words

1. 人山人海	rén shān rén hǎi		a huge crowd of people
2. 五一	Wǔ-Yī	N	May 1st, Labor Day
3. 黄金周	huángjīnzhōu	N	Golden Week
4. 当	dàng	V	to regard as
5. 体验	tǐyàn	V	to experience
6. 平时	píngshí	N	at normal times, on normal days
7. 精美	jīngměi	Adj	exquisite, beautiful
8. 餐具	cānjù	N	tableware
9. 抽	chōu	V	to draw out
10. 门口	ménkǒu	N	entrance
11. 抽奖	chōu jiǎng	V//O	to draw lots
12. 满	mǎn	V	to reach
13. 中奖率	zhòngjiǎnglǜ	N	winning rate
14. 一等奖	yīděngjiǎng	N	the first prize
15. 价钱	jiàqián	N	price
16. 名牌	míngpái	N	name brand
17. 口碑	kǒubēi	N	public praise
18. 整机	zhěngjī	N	the whole machine
19. 保修期	bǎoxiūqī	N	warranty period

20. 家电	jiādiàn	N	household appliances
21. 激烈	jīliè	Adj	intense
22. 赠送	zèngsòng	V	to give as a present
23. 噪声	zàoshēng	N	noise
24. 分贝	fēnbèi	N	decibel (db)
25. 静音	jìngyīn	V	to mute
26. 睡眠	shuìmián	N	sleep, slumber
27. 老人	lǎorén	N	the aged, the elderly
28. 孩子	háizi	N	child
29. 性价比	xìngjiàbǐ	N	cost performance

注释 Zhùshì **Notes**

1 五一黄金周，商场都在搞促销活动。

All the stores are having sales promotion during the May Day Golden Week.

"搞"，动词，"做、干、办"的意思。可以带名词或动词宾语，也可以带补语。例如：

"搞" is a verb meaning "做"，"干"，"办" (to do, to work or to handle). It may take a noun or a verb as its object. It may also be followed by a complement. For example,

① 卡尔他们搞了一个市场调查。

② 他们一起搞了一个公司，搞得不错。

③ 来公司以前，张远没搞过广告策划。

2 没关系，就当体验生活！ **Never mind. I'm going through a new experience.**

"当"（dàng），这里是动词，"作为、当做"的意思。例如：

"当" is a verb, meaning "to serve as, to take as". For example,

① 我把你当朋友。

② 这就当是我送你的生日礼物吧。

③ 我们都把他当成总经理了，其实他是秘书。

3 **您现在买，可以打 9 折。**

If you buy it, you can have a 10% discount and a free set of tableware.

"打折"，动词，降低商品价格销售的意思。在"打"和"折"的中间可以加上数字 1 到 9，表示降价的幅度。例如，某商品原来是 200 元，"打 5 折"就是 100 元，"打 8 折"就是 160 元，"打 1 折"就是 20 元。

"打折" is a verb, meaning to sell goods at a reduced price. Number 1 to 9 may be used between the character "打" and "折", indicating to what extent the price is cut. For example, if a commodity is originally priced 200 *yuan*, "打5折" means 100 *yuan*, "打8折" means 160 *yuan*, and "打1折" means 20 *yuan*.

Nǐmen de Zhǔyi Zhēn Búcuò

你们的主意真不错

Your ideas are great

张远、李明明、卡尔和康爱丽在咖啡馆聊天儿。

● 康爱丽：张远，你刚才说周末要加班，怎么这么忙？

○ 张 远：刚接了一个业务，为一款新手机写促销策划方案，现在一点儿思路也没有。你们有什么好点子吗？

● 李明明：现在手机市场的竞争这么激烈，要标新立异可不容易。

○ 卡 尔：做广告是少不了的。电视、户外、报纸这三种广告是一定要做的。

● 康爱丽：电视广告一定要选择一些收视率高的电视台，比如央视、湖南卫视等。

○ 李明明：而且最好选择他们的黄金时段播出。

● 卡　尔：请名人代言，效果会更好。但是要注意广告的费用，要考虑企业的实力和承受能力。

○ 康爱丽：还要看目标消费人群是谁。

● 李明明：对，广告创意不讲究针对性，很难达到预期的效果。

○ 张　远：是呀，得细分一下目标人群。

● 康爱丽：对那些爱看报纸、杂志等平面媒体的人，可以利用软广告来引导他们的消费倾向。

○ 卡　尔：对那些经常上网的白领和大学生，可以利用网上的博客、论坛、视频等向他们宣传。

● 张　远：也不能忽视了广大的农村市场。

○ 李明明：对。对他们来说，可能实惠最重要。一些买手机送话费、送礼品的促销活动可能更有吸引力。

● 康爱丽：还有，可以根据这款手机的独特卖点，策划一些相关的活动或事件。

○ 张　远：对！选择一些营销策略来配合广告的推进，让消费者充分了解这款手机的特点。

● 李明明：如果这款手机不怕摔，那你们就可以把手机从很高的楼上摔下来，请一些消费者和记者来见证。

○ 张　远：我们还可以在网上炒作这件事。

● 康爱丽：我觉得，最好的营销策略是引导消费者树立新的消费理念。

○ 卡　尔：我看，张远他们公司的策划、创意执行和媒介运作都算是一流的，咱们不用替他操心。

● 张　远：你们的主意真不错！我很受启发，多谢，多谢！

Zhāng Yuǎn、Lǐ Míngming、Kǎ'ěr hé Kāng Àilì zài kāfēiguǎn liáotiānr.

● Kāng Àilì: Zhāng Yuǎn, nǐ gāngcái shuō zhōumò yào jiābān, zěnme zhème máng?

○ Zhāng Yuǎn: Gāng jiēle yí ge yèwù, wèi yì kuǎn xīn shǒujī xiě cùxiāo cèhuà fāng'àn, xiànzài yìdiǎnr sīlù yě méiyǒu. Nǐmen yǒu shénme hǎo diǎnzi ma?

● Lǐ Míngming: Xiànzài shǒujī shìchǎng de jìngzhēng zhème jīliè, yào biāo xīn lì yì kě bù róngyì.

○ Kǎ'ěr: Zuò guǎnggào shì shǎobuliǎo de. Diànshì、hùwài、bàozhǐ zhè sān zhǒng guǎnggào shì yídìng yào zuò de.

● Kāng Àilì: Diànshì guǎnggào yídìng yào xuǎnzé yìxiē shōushìlǜ gāo de diànshìtái, bǐrú Yāngshì、Húnán Wèishì děng.

○ Lǐ Míngming: Érqiě zuìhǎo xuǎnzé tāmen de huángjīn shíduàn bōchū.

● Kǎ'ěr: Qǐng míngrén dàiyán, xiàoguǒ huì gèng hǎo. Dànshì yào zhùyì guǎnggào de fèiyong, yào kǎolǜ qǐyè de shílì hé chéngshòu nénglì.

○ Kāng Àilì: Hái yào kàn mùbiāo xiāofèi rénqún shì shéi.

● Lǐ Míngming: Duì, guǎnggào chuàngyì bù jiǎngjiu zhēnduìxìng, hěn nán dádào yùqī de xiàoguǒ.

○ Zhāng Yuǎn: Shì ya, děi xìfēn yíxià mùbiāo rénqún.

● Kāng Àilì: Duì nàxiē ài kàn bàozhǐ、zázhì děng píngmiàn méitǐ de rén, kěyǐ lìyòng ruǎnguǎnggào lái yǐndǎo tāmen de xiāofèi qīngxiàng.

○ Kǎ'ěr: Duì nàxiē jīngcháng shàngwǎng de báilǐng hé dàxuéshēng, kěyǐ lìyòng wǎngshang de bókè、lùntán、shìpín děng xiàng tāmen xuānchuán.

● Zhāng Yuǎn: Yě bù néng hūshìle guǎngdà de nóngcūn shìchǎng.

○ Lǐ Míngming: Duì. Duì tāmen lái shuō, kěnéng shíhuì zuì zhòngyào. Yìxiē mǎi shǒujī sòng huàfèi、sòng lǐpǐn de cùxiāo huódòng kěnéng gèng yǒu xīyǐnlì.

● Kāng Àilì: Hái yǒu, kěyǐ gēnjù zhè kuǎn shǒujī de dútè màidiǎn, cèhuà yìxiē xiāngguān de huódòng huò shìjiàn.

○ Zhāng Yuǎn: Duì! Xuǎnzé yìxiē yíngxiāo cèlüè lái pèihé guǎnggào de tuījìn, ràng xiāofèizhě chōngfèn liǎojiě zhè kuǎn shǒujī de tèdiǎn.

● Lǐ Míngming: Rúguǒ zhè kuǎn shǒujī bú pà shuāi, nà nǐmen jiù kěyǐ bǎ shǒujī cóng hěn gāo de lóu shang shuāi xialai, qǐng yìxiē xiāofèizhě hé jìzhě lái jiànzhèng.

○ Zhāng Yuǎn: Wǒmen hái kěyǐ zài wǎngshang chǎozuò zhè jiàn shì.

● Kāng Àilì: Wǒ juéde, zuì hǎo de yíngxiāo cèlüè shì yǐndǎo xiāofèizhě shùlì xīn de xiāofèi lǐniàn.

○ Kǎ'ěr: Wǒ kàn, Zhāng Yuǎn tāmen gōngsī de cèhuà、chuàngyì zhíxíng hé méijiè yùnzuò dōu suàn shì yīliú de, zámen búyòng tì tā cāoxīn.

● Zhāng Yuǎn: Nǐmen de zhǔyi zhēn búcuò! Wǒ hěn shòu qǐfā, duō xiè, duō xiè!

※ · ※

Zhang Yuan, Li Mingming, Karl and Alice are chatting in a cafe.

● Alice: Zhang Yuan, you said just now that you have to work overtime on the weekend. Why are you so busy?

○ Zhang Yuan: I've just been asked to write a promotion plan for a new cell phone, but I don't have any idea about it. Do you have any good advice?

● Li Mingming: Since the competition in the cell phone market is so intense, it is not easy to create something new.

○ Karl: Advertising, especially TV, outdoors and newspaper advertising, is absolutely necessary.

● Alice: For TV advertising, you must select TV stations with high audience ratings, such as CCTV, Hunan Satellite TV and so on.

○ Li Mingming: And you'd better choose their prime time for your advertisement.

● Karl: Celebrity endorsement may produce an even better effect, but you'll have to pay attention to the advertising cost, and consider the company's strength and affordability.

○ Alice: And it also depends on the target consumers.

● Li Mingming: Yes, if the advertisement is not created with pertinence, it is difficult to achieve the expected results.

○ Zhang Yuan: That's right. We need to subdivide the target groups.

● Alice: For those who like reading print media, such as newspapers, magazines, "soft advertising" may be used to guide their consumption tendency.

○ Karl: For white-collar workers and university students who have regular access to the Internet, blogs, forums, and videos may be used as means of publicity.

● Zhang Yuan: China's rural market should not be ignored either.

○ Li Mingming: Sure. For them, material benefit may be the most important. Promotional activities such as getting free calls or some gift when buying a cell phone may be more attractive to them.

● Alice: In addition, you can also plan some relevant activities or events based on the unique selling points of this cell phone.

○ Zhang Yuan: Right! You can select some marketing strategy in coordination with further advertising so that consumers can fully understand the characteristics of this cell phone.

● Li Mingming: If the cell phone is shatter-resistant, it can be dropped from a high building with being witnessed by some invited consumers and reporters.

○ Zhang Yuan: This can also be used for online publicity.

● Alice: I feel the best marketing strategy is to guide consumers to establish a new consumption concept.

○ Karl: Look, the company Zhang Yuan works for is awesome in its planning, execution and media operation. We can save our breath.

● Zhang Yuan: Your ideas are great! I am much inspired! Thank you very much.

生词 Shēngcí **New Words**

1. 主意	zhǔyi	N	idea
2. 思路	sīlù	N	train of thought
3. 点子	diǎnzi	N	idea
4. 标新立异	biāo xīn lì yì		to create something new and original

5. 少不了	shǎobuliǎo	V	cannot do without
6. 收视率	shōushìlǜ	N	audience rating
7. 电视台	diànshìtái	N	TV station
8. 黄金	huángjīn	Adj	(*fig.*) prime
9. 时段	shíduàn	N	period of time
10. 名人	míngrén	N	famous person, celebrity
11. 代言	dàiyán	V	to speak for, to endorse
12. 承受	chéngshòu	V	to bear, to afford
13. 人群	rénqún	N	crowd
14. 创意	chuàngyì	N	creativity, originality
15. 预期	yùqī	V	to expect
16. 平面媒体	píngmiàn méitǐ		print media
17. 软广告	ruǎnguǎnggào	N	soft advertising
18. 引导	yǐndǎo	V	to guide, to lead
19. 倾向	qīngxiàng	N	tendency
20. 白领	báilǐng	N	white-collar worker
21. 博客	bókè	N	blog
22. 论坛	lùntán	N	forum
23. 视频	shìpín	N	video
24. 忽视	hūshì	V	to neglect
25. 广大	guǎngdà	Adj	vast
26. 实惠	shíhuì	N	material benefit
27. 话费	huàfèi	N	telephone charge
28. 吸引力	xīyǐnlì	N	attraction
29. 独特	dútè	Adj	unique
30. 卖点	màidiǎn	N	selling point
31. 配合	pèihé	V	to coordinate with
32. 推进	tuījìn	V	to impel, to advance

33.	摔	shuāi	V	to drop
34.	记者	jìzhě	N	journalist
35.	见证	jiànzhèng	V	to witness
36.	炒作	chǎozuò	V	to sensationalize, to publicize
37.	媒介	méijiè	N	media
38.	运作	yùnzuò	V	to operate
39.	一流	yīliú	Adj	first-class
40.	替	tì	Prep	for
41.	操心	cāo xīn	V//O	to worry
42.	启发	qǐfā	V	to inspire

专有名词 Zhuānyǒu Míngcí **Proper Nouns**

1.	央视	Yāngshì	CCTV (China Central Television)
2.	湖南卫视	Húnán Wèishì	Hunan Satellite TV

注释 Zhùshì **Notes**

1 可以利用软广告来引导他们的消费倾向。

... "soft advertising" may be used to guide their consumption tendency.

"软广告"，是由企业的市场策划人员或广告公司的文案人员从记者或新闻工作者的角度撰写的文字广告，是相对于"硬广告"或"纯广告"而言的。硬广告就是传统的广告，如报纸上那些非常直白的广告，一般放在专门的广告栏中，是一种明显的、生硬的广告形式。而软广告则通过一种巧妙的、迂回的、隐蔽的方式将广告的内容传达出去，使消费者在不知不觉中接受某个产品或品牌。目前，软广告已成为一种非常实用的宣传手段，因为它常能取得硬广告达不到的效果。

"软广告" (soft advertising) refers to the "text advertising" written by the corporate marketing staff or the staff of an advertising company from the perspective of reporters or journalists. It is in contrast to the hard advertising or pure advertising. Hard advertising is the traditional type of advertising, such as the newspaper advertisement that is very straightforward, designed for the advertising column. It is an obvious and highlighted form of advertising. On the other hand, soft advertising conveys the content of advertising in an artful, indirect, and subtle way so that consumers unwittingly accept what is conveyed. At present, soft advertising has become a very practical means of publicity for businesses, because it can often achieve the effect that is difficult to achieve by hard advertising.

2 **对他们来说，可能实惠最重要。**

For them, material benefit may be the most important.

"对……来说"，表示从某人或某事的角度来看问题。有时也说"对……说来"。例如：

"对……来说" indicates considering a problem from the perspective of someone or something. Sometimes it is equivalent to "对……说来". For example,

① 对丽人公司来说，现在最重要的是成为圣兰公司在北京的独家代理商。

② 对张远来说，现在他最想做出一份标新立异的广告策划方案。

③ 写好这份市场报告，对他来说不容易。

练习　Liànxí　**Exercises**

一　跟读生词，注意发音和声调。
Read the new words after the teacher and pay attention to your pronunciation and tones.

二　跟读课文，注意语音语调。
Read the texts after the teacher and pay attention to your pronunciation and intonation.

三　学生分组，分角色朗读课文一、二。
Divide the students into groups and read Texts 1 & 2 in roles.

四　学生分组，不看书，分角色表演课文一、二。
Divide the students into groups and play the roles in Texts 1 & 2 without referring to the book.

五　角色扮演。（提示：角色可以互换。）
Role playing. (Note: the roles can be exchanged.)

1．几个人一组，讨论下面的问题：
Several students work as a group and discuss the following questions:

① 常见的促销手段有哪些？你认为哪种促销手段比较有效？为什么？
What are the common means of promotion? Which is more effective than others? Why?

② 如果你本来没有购物的打算，但是看到广告上说：价格很优惠；赠送礼物；可以参加抽奖；奖品很丰富……这时你会不会买？
You don't have the plan to buy anything. But when you read the advertisement which says you will enjoy a good price, a free gift, join the lucky draw and get a handsome prize if you buy something, ... will you buy it?

2．两人一组，讨论下面的问题：
Students work in pairs and discuss the following questions:

① 课文中提到的营销策略哪种比较有效？如果你是张远，你会怎么写这个手机的营销方案？
In the text, which marketing strategy is more effective? If you were Zhang Yuan, how will you write the marketing plan?

② 你怎么看请名人代言的广告？怎样才能让这种广告更有效？
What do you think of the celebrity endorsement? How can you make this kind of advertisements more effective?

六 复述课文一和课文二。
Retell Texts 1 & 2.

七 替换练习。
Substitution drills.

① <u>商场</u> <u>都在</u> <u>搞</u> <u>促销活动</u>。

电器城	在	优惠活动
他们	想	一个公司
她	以前	广告策划工作
他们公司	要	一个市场调查

② <u>家电行业的竞争</u> 越来越 <u>激烈</u> 了。

我的汉语	流利
现在找工作	难
中国的经济	好
环境污染（wūrǎn, to pollute）的问题	严重

③ <u>我</u> 为 <u>一款新手机</u> <u>写促销策划方案</u>。

他	签证的事	发愁
我	妈妈	买了一件礼物
很多中国人	结婚	买房子
我们最近	考试	作准备

④ <u>最好</u> <u>选择他们的黄金时段播出</u>。

坐地铁去机场
去大的电器城买空调
不要把这件事告诉他
提前通知他一下

⑤ 对 <u>他们</u> 来说，<u>可能实惠最重要</u>。

我	汉字最难学
他	工作比家庭更重要
要毕业的大学生	找工作是最重要的事情
他们公司	最重要的事情是调整组织结构

⑥ <u>咱们</u> <u>不用</u> <u>替</u> <u>他</u> <u>操心</u>。

王老师	今天	张老师	上课
很多父母	常常	孩子	整理（zhěnglǐ, to put ... in order）生活用品（yòngpǐn, articles for use）
我们	刚才	他	想了很多好点子
你	能	我	买一个面包吗

八 用下面的词语组成句子。
Make sentences with the following words and expressions.

课文一

① 不少 便宜 比 买 现在 平时

② 打9折 可以 您 买 现在

③ 抽奖 有 看 在 门口 很多人 我

④ 非常 国产 我们 口碑 是 名牌 好

⑤ 两年 是 的 空调 整机 一般 保修期

⑥ 是 这 就 电视上 吗 那款 说的 空调

105

⑦ 这款　还是　一些　高　的　性价比　空调

课文二

① 也　一点儿　现在　没有　我　思路

② 电视台　要　电视广告　一定　收视率高　选择　一些　的

③ 代言　请　考虑　名人　企业　的　承受　要　实力　和　能力

④ 针对性　广告　不讲究　创意　预期　效果　很难　达到　的

⑤ 可以　他们的　消费　利用　引导　倾向　软广告　来

⑥ 忽视　不能　市场　农村　广大的　了

⑦ 策略　选择　推进　营销　来　广告　的　一些　配合

⑧ 最好的　消费理念　新的　营销策略　树立　消费者　引导　是

⑨ 一流的　他们公司的　创意执行　媒介运作　都算是　和　策划

九　根据课文内容填空。
Fill in the blanks according to the texts.

例：Example：（　搞　）促销活动

（　　　）生活　　　　　（　　　）抽奖活动
（　　　）礼物　　　　　（　　　）消费倾向
（　　　）活动　　　　　（　　　）消费理念
（　　　）事件　　　　　（　　　）的餐具
（　　　）的竞争　　　　（　　　）的效果
（　　　）的创意执行

十 选词填空。
Choose the words to fill in the blanks.

1. 选择合适的动词填空。
Choose the appropriate verbs to fill in the blanks.

赠送 打折 代言 炒作 承受 忽视 配合 树立 宣传 体验

① 这件名牌的衣服不太贵，是（   ）的时候买的。

② 为了（   ）生活，他打算住在中国朋友的家里。

③ 这家公司打算请国际著名（zhùmíng, famous）的女明星来（   ）他们的
产品。

④ 您在本商场购物满200元，有精美礼物（   ）。

⑤ 广告费用太高了，他们公司（   ）不了。

⑥ 我们可以利用网上的视频和论坛来（   ）我们的产品。

⑦ 如果策划方案和广告（   ）得不好，可能达不到预期的效果。

⑧ 在写营销方案时，千万不要（   ）了农村这个大市场。

⑨ 策划一些事件对自己的产品进行（   ）是他们常用的手段。

⑩ 只有（   ）健康的消费理念，才能拥有健康的生活。

2. 选择合适的形容词或名词填空。
Choose the appropriate adjectives or nouns to fill in the blanks.

保修期 优惠 激烈 收视率 软广告 性价比 时段 创意

① 您是我们的老客户，我们给您报的都是最（   ）的价格。

② 现在家电行业的竞争越来越（   ）了。

③ 对不起，您的电脑已经过（   ）了，我们不能给您免费维修。

④ 比较了一下，还是这款车的（   ）高一些，就买这款吧。

⑤ 这个电视节目很受大家的喜爱，（   ）非常高。

⑥ 这个广告的（   ）很好，消费者很快就记住了这款产品。

⑦ 一些报刊杂志上的（   ）效果很好。

⑧ 在晚上7点到9点黄金（   ）播出的广告，费用都很高。

十一 完成对话。
Complete the dialogues.

① A：听说＿＿＿＿＿＿＿＿＿＿＿＿＿＿＿＿＿＿＿＿＿＿＿＿＿。（搞）

   B：对，所有的东西都打5折。

② A：住在校内很方便，住在校外很自由（zìyóu, free），你想住哪儿？

   B：＿＿＿＿＿＿＿＿＿＿＿＿＿＿＿＿＿＿＿＿＿＿＿＿＿。（还是）

③ A：听说那个阿姨（āyí, aunt）对你特别好，特别照顾你，是吗？

   B：对呀，＿＿＿＿＿＿＿＿＿＿＿＿＿＿＿＿＿＿＿＿＿。（当 dàng）

④ A：你想在你实习的公司继续工作还是找别的工作？

   B：还没决定，＿＿＿＿＿＿＿＿＿＿＿＿＿＿＿＿＿＿＿。（考虑）

⑤ A：我觉得我们的总经理把钱都花在车上了，吃和穿都很随便。

   B：你说得没错儿，＿＿＿＿＿＿＿＿＿＿＿＿＿＿＿＿＿。（讲究）

⑥ A：那个小商品市场为什么每天都人山人海？

   B：因为＿＿＿＿＿＿＿＿＿＿＿＿＿＿＿＿＿＿＿＿＿＿＿。（实惠）

⑦ A：报纸上怎么每天都有这两个演员（yǎnyuán, actor）结婚离婚（lí hūn, to divorce）的新闻（xīnwén, news）呀？

   B：＿＿＿＿＿＿＿＿＿＿＿＿＿＿＿＿＿＿＿＿＿＿＿＿＿。（炒作）

⑧ A：要运作这么大的营销方案，我们公司的媒介执行能力还不够。

   B：是呀，＿＿＿＿＿＿＿＿＿＿＿＿＿＿＿＿＿＿＿＿＿＿＿。（替）

十二 阅读理解。
Reading comprehension.

"今年过节不收礼，收礼只收脑白金"已成为大人小孩都知道的一句广告名言。那么，脑白金究竟使用了什么样的营销策略使自己在众多的保健品中脱颖而出的呢？

产品定位策略

脑白金不像其他同类产品以药品的身份出现，而是把自己定位成保健食品中的"健康礼品"。这使它拥有了三个优势：①由于是健康食品，既可以在药店销售，也可以在超市销售，销路更广；②进行广告促销时，不必像"类药品"那样受到很多工商、药检的限制；③定位为礼品，符合中国的送礼文化。

价格策略

脑白金采用了高价策略，在促销的同时，不断推出"脑白金里有金砖"等优惠活动。脑白金的市场零售价为68元左右，可以用10天，与同类产品相比，价格有点儿高，但作为礼品，消费者是可以接受的，因此脑白金推出以后，争夺了很多市场份额。

终端销售策略

终端是销售的最后一站。每到节假日，只要到卖场、超市走一走，就会发现保健品市场的竞争是多么激烈。但不少企业只知道大量地投放广告，却轻视了终端的管理。而脑白金的终端形象做得相当好。大到超市门口的广告，小到在超市、药店的摆放位置，都做得非常完美。

广告策略

只要看电视的人都会发现，在一些收视率较高的电视台，过不了几分钟就会有一个"今年过节不收礼，收礼只收脑白金"的广告。这个广告谈不上有什么创意，甚至让很多人觉得很"土"，但就是这句广告语使大部分中国人记住了脑白金，使脑白金以较低的广告投入获得了较高的回报。

公共关系策略

脑白金很好地利用了公司总裁史玉柱这个具有传奇色彩的人物。在销售量不断上升的同时，又在媒体上及时推出史玉柱的专访，讲述他"借钱还债"的故事。这样就为自己树立了良好的公共形象。

软广告策略

这是脑白金运用得最成功的一个策略。在这个到处都是广告的时代，脑白金用软广告创造了一个营销奇迹。它的软广告分为几大类，最早投放市场的是新闻炒作类文章。5篇文章——《人类可以长生不老》（连载3篇）、《两颗生物原子弹》与《1998全球最关注的人》连续在报纸上发表，阅读率极高。"脑白金是什么"被很多有好奇心的人所关注。

接下来的几篇软广告分别从睡眠不足与肠胃不好两方面解释它们对人体的危害，并指导人们如何克服这些危害；同时脑白金的功能和效果被巧妙地融入软广告中，如《一天不大便等于抽三包烟》、《人体内有只"钟"》、《夏天贪睡的张学良》、《宇航员如何睡觉》，等等。这一系列软广告每一篇都在谈科普，并看不出是在做广告，但投入只两个月，就获得了意想不到的市场效果。

生词 Shēngcí New Words

1. 过节	guò jié	V//O	to celebrate a festival
2. 收礼	shōu lǐ	V//O	to accept a gift
3. 脑白金	nǎobáijīn	N	name of a product
4. 名言	míngyán	N	well-known saying
5. 保健品	bǎojiànpǐn	N	health care product
6. 脱颖而出	tuō yǐng ér chū		to stand out
7. 药品	yàopǐn	N	drug, medicine
8. 身份	shēnfen	N	identity
9. 销路	xiāolù	N	sale, market
10. 类	lèi		similar to
11. 工商	gōng-shāng		industry and commerce
12. 药检	yàojiǎn	V	to inspect the quality of medicine
13. 送礼	sòng lǐ	V//O	to give sb. a present
14. 金砖	jīnzhuān	N	gold brick
15. 零售价	língshòujià	N	retail price
16. 份额	fèn'é	N	share, portion
17. 终端	zhōngduān	N	end, terminal
18. 节假日	jié-jiàrì		festivals and holidays
19. 卖场	màichǎng	N	shop, store
20. 相当	xiāngdāng	Adv	quite, fairly
21. 完美	wánměi	Adj	perfect
22. 土	tǔ	Adj	unrefined, rustic
23. 回报	huíbào	V	to repay
24. 公共关系	gōnggòng guānxi		public relations
25. 史玉柱	Shǐ Yùzhù	PN	name of a person
26. 传奇	chuánqí	N	legend

27.	色彩	sècǎi	N	(*fig.*) appeal, flavour
28.	上升	shàngshēng	V	to rise
29.	专访	zhuānfǎng	N	exclusive interview
30.	还债	huán zhài	V//O	to pay one's debt
31.	长生不老	chángshēng bù lǎo		to live forever
32.	连载	liánzǎi	V	to publish in instalments, to serialize
33.	生物	shēngwù	N	living beings
34.	原子弹	yuánzǐdàn	N	atom bomb
35.	好奇	hàoqí	Adj	curious
36.	足	zú	Adj	sufficient, ample, enough
37.	肠胃	chángwèi	N	intestines and stomach
38.	危害	wēihài	V	to harm, to endanger
39.	功能	gōngnéng	N	function
40.	巧妙	qiǎomiào	Adj	ingenious, artful
41.	融入	róngrù	V	to accommodate to, to integrate into
42.	大便	dàbiàn	V	to defecate, to relieve the bowels
43.	包	bāo	M	*a measure word*
44.	贪睡	tān shuì	V O	to be fond of sleep
45.	张学良	Zhāng Xuéliáng	PN	name of a famous Chinese general who enjoyed longevity
46.	宇航员	yǔhángyuán	N	astronaut
47.	科普	kēpǔ	N	popular science
48.	意想	yìxiǎng	V	to expect

回答问题：

Answer the questions:

① 脑白金被定位成"健康礼品"有什么好处？

② 在价格方面，脑白金采用了什么策略？

③ 什么是脑白金的"终端销售策略"？

④ 你觉得脑白金的广告语怎么样？脑白金是如何让消费者记住它的广告语的？

⑤ 脑白金是如何运用"公共关系策略"的？

⑥ 脑白金运用得最成功的营销策略是什么？

⑦ 脑白金是如何运用软广告创造营销奇迹的？

十三 完成任务。
Complete the tasks.

1. 调查并报告：Investigate and report:
几个人一组，到一些大超市或大商场参观，看看那里有什么促销活动，他们是怎么做的。把你们了解到的情况报告给老师和同学。

Several students work as a group and visit several large supermarkets or shopping malls to see what and how the promotion activities are going on. Make a presentation to your teacher and classmates.

2. 小组讨论：Group discussion:
中国第一汽车集团公司（简称"一汽"）是中国最大的汽车企业，产销量连续多年居中国第一。但是在中国市场上，一汽销量最好的中高端产品都是跟德国、日本等合资的品牌，比如非常受中国人欢迎的奥迪（Audi），而自主研发的汽车一直以中低端产品为主。经过多年的努力，一汽终于研发出一款高端汽车，准备上市。几个人一组，为一汽集团出出主意，讨论如何提高这款汽车的销量。

China First Automobile Works Group Corporation (abbreviated as "FAW") is China's largest automobile company, its production and sales ranking the first in China for several consecutive years. However, all the best sellers of its middle-end and high-end products in the Chinese market were joint adventure co-branding with Germany or Japan, such as Audi, which was very popular among the Chinese people. The automobiles researched and developed on its own were mostly middle-end and low-end. Through years of efforts, FAW at last researched and developed a high-end car and is going to launch it in the market. Several students work as a group and discuss how to increase sales of this automobile for FAW.

第五单元
UNIT

外商投资
Foreign investment

课文 Text	题目 Title	注释 Notes
一	听说增加了很多新的投资领域 I've been told that many new areas are open to foreign investment	1. 语气助词 "啊" 表列举 The modal particle "啊" indicates enumeration 2. 名词解释:《外商投资产业指导目录》 Explanation of《外商投资产业指导目录》 3. 动词 "看好" The verb "看好"
二	现在中国很多地方都有外商投资 There is foreign investment in many places of China now	1. 叹词 "哦"（ó） The interjection "哦"（ó） 2. 名词解释:《中西部地区外商投资优势产业目录》 Explanation of《中西部地区外商投资优势产业目录》 3. "得……才行" 4. 助动词 "该" The auxiliary verb "该"

听说增加了很多新的投资领域

课文一 Text 1

I've been told that many new areas are
open to foreign investment

> 康爱丽请卡尔、张远、李明明一起去郊区的温泉度假村
> 放松一下。在路上，他们聊起了投资的话题。

● 康爱丽：现在虽然有金融危机的影响，但外商在中国投资还是
挺多的。

○ 卡　尔：是啊。我昨天在网上看到一条新闻，西班牙的西尔
萨·波特有限公司在山东投资了。

● 康爱丽：是什么项目？

○ 卡　尔：风力发电。

● 李明明：他们选择的这个项目非常好。风能是清洁能源，中国
政府鼓励这样的能源开发项目。

○ 张　远：对。现在，能源开发啊，节能环保啊，高新技术啊，
都是政府鼓励的投资领域。

● 卡　尔: 以往跨国公司投资最多的是制造业，比如汽车制造、服装加工，所以世界上有很多"中国制造"。

○ 康爱丽: 跨国公司在服务业的投资也很多，比如我们大家都熟悉的沃尔玛、家乐福，在中国发展得多好啊！

● 张　远: 对，但是2007年修订的《外商投资产业指导目录》中有很多新的变化。

○ 康爱丽: 听说增加了很多新的投资领域，你快说说！

● 张　远: 是的，比如节能环保、高新技术产业就是新增加的政府鼓励的投资领域。

○ 卡　尔: 还有哪些变化？

● 张　远: 一些原来限制比较多的领域现在已经放宽了，比如金融业。

○ 李明明: 但对有些领域的限制更多了，比如房地产；还新增加了一些限制领域，比如玉米深加工。

● 康爱丽: 以前房地产也是外商投资的目标呢，现在变化真的很大啊！

○ 李明明: 是啊。你们想不想在中国投资呢？看好了什么项目就赶紧出手吧！

※·※

> Kāng Àilì qǐng Kǎ'ěr、Zhāng Yuǎn、Lǐ Míngming yìqǐ qù jiāoqū de wēnquán dùjiàcūn fàngsōng yíxià. Zài lùshang, tāmen liáoqǐle tóuzī de huàtí.

● Kāng Àilì: Xiànzài suīrán yǒu jīnróng wēijī de yǐngxiǎng, dàn wàishāng zài Zhōngguó tóuzī háishi tǐng duō de.

○ Kǎ'ěr: Shì a. Wǒ zuótiān zài wǎngshang kàndào yì tiáo xīnwén,

Xībānyá de Xī'ěrsà Bōtè Yǒuxiàn Gōngsī zài Shāndōng tóuzī le.

● Kāng Àilì: Shì shénme xiàngmù?

○ Kǎ'ěr: Fēnglì fādiàn.

● Lǐ Míngming: Tāmen xuǎnzé de zhège xiàngmù fēicháng hǎo. Fēngnéng shì qīngjié néngyuán, Zhōngguó zhèngfǔ gǔlì zhèyàng de néngyuán kāifā xiàngmù.

○ Zhāng Yuǎn: Duì. Xiànzài, néngyuán kāifā a, jiénéng huánbǎo a, gāoxīn-jìshù a, dōu shì zhèngfǔ gǔlì de tóuzī lǐngyù.

● Kǎ'ěr: Yǐwǎng kuàguó-gōngsī tóuzī zuì duō de shì zhìzàoyè, bǐrú qìchē zhìzào、fúzhuāng jiāgōng, suǒyǐ shìjiè shang yǒu hěn duō "Zhōngguó zhìzào".

○ Kāng Àilì: Kuàguó-gōngsī zài fúwùyè de tóuzī yě hěn duō, bǐrú wǒmen dàjiā dōu hěn shúxi de Wò'ěrmǎ、Jiālèfú, zài Zhōngguó fāzhǎn de duō hǎo a!

● Zhāng Yuǎn: Duì, dànshì èr líng líng qī nián xiūdìng de《Wàishāng Tóuzī Chǎnyè Zhǐdǎo Mùlù》zhōng yǒu hěn duō xīn de biànhuà.

○ Kāng Àilì: Tīngshuō zēngjiāle hěn duō xīn de tóuzī lǐngyù, nǐ kuài shuōshuo!

● Zhāng Yuǎn: Shì de, bǐrú jiénéng huánbǎo、gāoxīn-jìshù chǎnyè jiù shì xīn zēngjiā de zhèngfǔ gǔlì de tóuzī lǐngyù.

○ Kǎ'ěr: Hái yǒu nǎxiē biànhuà?

● Zhāng Yuǎn: Yīxiē yuánlái xiànzhì bǐjiào duō de lǐngyù xiànzài yǐjīng fàngkuān le, bǐrú jīnróngyè.

○ Lǐ Míngming: Dàn duì yǒuxiē lǐngyù de xiànzhì gèng duō le, bǐrú fángdìchǎn; hái xīn zēngjiāle yìxiē xiànzhì lǐngyù, bǐrú yùmǐ shēnjiāgōng.

● Kāng Àilì: Yǐqián fángdìchǎn yě shì wàishāng tóuzī de mùbiāo ne, xiànzài biànhuà zhēn de hěn dà a!

○ Lǐ Míngming: Shì a. Nǐmen xiǎng bu xiǎng zài Zhōngguó tóuzī ne? Kànhǎole shénme xiàngmù jiù gǎnjǐn chūshǒu ba!

Alice invites Karl, Zhang Yuan and Li Mingming to a hot spring resort on the outskirts to relax. They are chatting about investment on their way.

● Alice:	Although under the effect of the financial crisis, foreign investment is still active in China.
○ Karl:	Absolutely. An online news I read yesterday said that a Spanish company made an investment in Shandong.
● Alice:	What is the project about?
○ Karl:	Wind power generation.
● Li Mingming:	They have chosen a very good project. Wind energy is clean, and the Chinese government encourages energy development projects like that.
○ Zhang Yuan:	Yes. Nowadays, energy development, energy-saving, environment-friendly, high-technology industries are investment areas that are encouraged by the Chinese government.
● Karl	The multinational companies used to make most of their investment in the manufacturing industry, like automobile manufacturing, garment processing, so there are so many products "Made in China" around the world.
○ Alice:	The multinational companies made a lot of investment in the service industry as well. For instance, WalMart and Carrefour that we are all familiar with are developing well in China.
● Zhang Yuan:	Right. However, many changes were made in the Catalog of Industries for Guiding Foreign Investment (Revised 2007) .
○ Alice:	I've been told that many new areas are open to foreign investment. Please tell us more.
● Zhang Yuan:	Right. For example, energy-saving, environment-friendly and high-technology industries are the newly-added investment areas encouraged by the Chinese government.
○ Karl:	What are the other changes?
● Zhang Yuan:	The restrictions used to be put on some areas, for example, financial industry, are now relaxed.
○ Li Mingming:	However, more restrictions are put on some areas, for example, real estate industry. And some areas, such as intensive corn processing industry, are added to the list of restricted areas.
● Alice:	Real estate used to be a target for foreign investment. It looks like great changes have taken place now.
○ Li Mingming:	Sure. Do you want to invest in China? If you are interested in a project, do it now!

生词 Shēngcí **New Words**

1. 投资	tóu zī	V//O	to invest
2. 领域	lǐngyù	N	area, field
3. 金融危机	jīnróng wēijī		financial crisis
4. 外商	wàishāng	N	foreign businessman
5. 新闻	xīnwén	N	news
6. 有限公司	yǒuxiàn gōngsī		limited company
7. 风力发电	fēnglì fādiàn		wind power generation
8. 风能	fēngnéng	N	wind power
9. 能源	néngyuán	N	energy
10. 鼓励	gǔlì	V	to encourage
11. 节能	jiénéng	V	to save energy
12. 环保	huánbǎo	N	environmental protection
13. 高新技术	gāoxīn-jìshù		high-technology
14. 制造业	zhìzàoyè	N	manufacturing industry
15. 汽车	qìchē	N	automobile, car
16. 制造	zhìzào	V	to manufacture
17. 服务业	fúwùyè	N	service industry
18. 修订	xiūdìng	V	to revise, to amend
19. 产业	chǎnyè	N	industry
20. 目录	mùlù	N	catalog, list
21. 放宽	fàngkuān	V	to relax, to liberalize
22. 金融业	jīnróngyè	N	financial industry
23. 房地产	fángdìchǎn	N	real estate industry
24. 玉米	yùmǐ	N	corn
25. 深加工	shēnjiāgōng	V	to further process
26. 看好	kànhǎo	V	to have an eye on sth., to be interested in sth.

| 27. 出手 | chū shǒu | V//O | to get going, to get sth. started |

专有名词 Zhuānyǒu Míngcí **Proper Nouns**

| 1. 西尔萨·波特 | Xī'ěrsà Bōtè | name of a Spanish company |
| 2. 山东 | Shāndōng | Shandong Province of China |

注释 Zhùshì **Notes**

1 现在，能源开发啊，节能环保啊，高新技术啊，都是政府鼓励的投资领域。
Nowadays, energy development, energy-saving, environment-friendly, high-technology industries are investment areas that are encouraged by the Chinese government.

"啊"，语气助词，用在列举的事项之后。例如：

"啊" is a modal particle used after the listed items. For example,

① 应标函啊，投标者资格文件啊，资信证明啊，投标项目方案说明啊，投标设备数量价目表啊，投标时要准备的文件很多。

② 英语啊、法语啊、西班牙语啊，她会说三种语言。

2 但是 2007 年修订的《外商投资产业指导目录》中有很多新的变化。
However, many changes were made in the Catalog of Industries for Guiding Foreign Investment (Revised 2007) .

《外商投资产业指导目录》，自 2007 年 12 月 1 日起施行。2004 年 11 月 30 日国家发展和改革委员会、商务部发布的《外商投资产业指导目录》同时停止执行。这是中国政府为了充分利用政策优势、扩大吸收外资，从而带动国内产业结构优化、节约资源、改善生态环境而新修订的。主要内容包括：（1）鼓励外商投资产业目录；（2）限制外商投资产业目录；（3）禁止外商投资产业目录。新修订后的《外商投资产业指导目录》条目变多了，而且更偏向于高新技术产业。其中对鼓励类目录调整较大，对矿产资源类进行了删除，这将对部分外企产生一定的影响。

The Catalog of Industries for Guiding Foreign Investment was executed since December 1, 2007. Meanwhile, the original version issued by the National Development and Reform Commission and the Ministry of Commerce on November 30, 2004 was abolished. The catalog was newly-revised by the Chinese government to fully take advantages of the policy, attract more foreign investment, thus optimizing the industrial structure, saving resources and improving ecology environment. Its major contents are as follows: (1) the catalog of industries where foreign investment is encouraged; (2) the catalog of industiries where foreign investment is restricted; (3) the catalog of industries where foreign investment is forbidden. The newly-revised catalog includes more clauses and sub-clauses, among which prominent considerations are given to the high-technology industries. Considerable amendments are made in the catalog of industries where foreign investment is encouraged, in which the category of mineral resources is deleted, which will have a certain impact on some foreign-invested companies.

3 **看好了什么项目就赶紧出手吧！** **If you are interested in a project, do it now!**

"看好"，动词，表示认为某人或某事物将要出现好的形势。例如：

"看好" is a verb, indicating somebody thinks somebody or something will do better. For example,

① 这次来应聘的几个人中，王总很看好那个叫卡尔的小伙子。

② 这场比赛，大家看好火箭队（Huǒjiàn Duì, Houston Rockets）。

③ 很多外商都看好中国的投资环境。

2

Xiànzài Zhōngguó Hěn Duō Dìfang Dōu Yǒu Wàishāng Tóuzī

现在中国很多地方都有外商投资

There is foreign investment in many places of China now

康爱丽、卡尔、张远、李明明继续讨论关于投资的话题。

● 康爱丽：现在中国很多地方都有外商投资，比如北京、上海、大连、青岛……

○ 张　远：是呀，但大部分投资都集中在东部。

● 康爱丽：我还真没注意到这些。为什么呢？

○ 张　远：主要是因为东部地区的经济和交通条件比较好，人才也比较集中。

● 康爱丽：怪不得外商在东部投资多呢。

○ 李明明：现在，中西部地区投资环境也改善了很多，还能享受

121

到政府的很多优惠政策。

● 卡　尔：哦？优惠政策？我对这个感兴趣，你快说说！

○ 李明明：根据区域产业转移战略和新修订的《中西部地区外商投资优势产业目录》，中国政府对于中西部地区的投资，在税收、土地使用等方面都有优惠。

● 张　远：还有，那里劳动力价格低，资源、能源丰富，发展潜力和空间都挺大。

○ 康爱丽：东部和中西部的投资环境真是各有优势啊。

● 卡　尔：看来，要想投资，得好好儿调查研究当地的投资环境才行。

○ 张　远：不过，外商在东西部的投资方式不太一样。在东部的投资大部分采用独资、合资控股、并购的方式。

● 李明明：在中西部的投资主要采用与优势企业合作、合资的形式。

○ 康爱丽：那在中西部投资风险大吗？

● 张　远：不用担心，中国的投资环境越来越好，无论是在东部还是在中西部投资都是很安全的。

○ 卡　尔：大家都希望把风险降到最低嘛。

● 张　远：那当然。但竞争还是很激烈的哟。

○ 李明明：所以，要抓住机会，该出手时就出手。

❈·❈

Kāng Àilì、Kǎ'ěr、Zhāng Yuǎn、Lǐ Míngming jìxù tǎolùn guānyú tóuzī de huàtí.

● Kāng Àilì: Xiànzài Zhōngguó hěn duō dìfang dōu yǒu wàishāng tóuzī, bǐrú Běijīng、Shànghǎi、Dàlián、Qīngdǎo……

○ Zhāng Yuǎn: Shì ya, dàn dà bùfen tóuzī dōu jízhōng zài dōngbù.

● Kāng Àilì: Wǒ hái zhēn méi zhùyì dào zhèxiē. Wèi shénme ne?

○ Zhāng Yuǎn: Zhǔyào shì yīnwèi dōngbù dìqū de jīngjì hé jiāotōng tiáojiàn bǐjiào hǎo, réncái yě bǐjiào jízhōng.

● Kāng Àilì: Guàibude wàishāng zài dōngbù tóuzī duō ne.

○ Lǐ Míngming: Xiànzài, zhōng-xībù dìqū tóuzī huánjìng yě gǎishànle hěn duō, hái néng xiǎngshòu dào zhèngfǔ de hěn duō yōuhuì zhèngcè.

● Kǎ'ěr: Ó? Yōuhuì zhèngcè? Wǒ duì zhège gǎn xìngqù, nǐ kuài shuōshuo!

○ Lǐ Míngming: Gēnjù qūyù chǎnyè zhuǎnyí zhànlüè hé xīn xiūdìng de 《Zhōng-xībù Dìqū Wàishāng Tóuzī Yōushì Chǎnyè Mùlù》, Zhōngguó zhèngfǔ duìyú zhōng-xībù dìqū de tóuzī, zài shuìshōu、tǔdì shǐyòng děng fāngmiàn dōu yǒu yōuhuì.

● Zhāng Yuǎn: Hái yǒu, nàli láodònglì jiàgé dī, zīyuán、néngyuán fēngfù, fāzhǎn qiánlì hé kōngjiān dōu tǐng dà.

○ Kāng Àilì: Dōngbù hé zhōng-xībù de tóuzī huánjìng zhēn shì gè yǒu yōushì a.

● Kǎ'ěr: Kànlái, yào xiǎng tóuzī, děi hǎohāor diàochá yánjiū dāngdì de tóuzī huánjìng cái xíng.

○ Zhāng Yuǎn: Búguò, wàishāng zài dōng-xībù de tóuzī fāngshì bú tài yíyàng. Zài dōngbù de tóuzī dà bùfen cǎiyòng dúzī、hézī kònggǔ、bìnggòu de fāngshì.

● Lǐ Míngming: Zài zhōng-xībù de tóuzī zhǔyào cǎiyòng yǔ yōushì qǐyè hézuò、hézī de xíngshì.

○ Kāng Àilì: Nà zài zhōng-xībù tóuzī fēngxiǎn dà ma?

● Zhāng Yuǎn: Búyòng dānxīn, Zhōngguó de tóuzī huánjìng yuè lái yuè hǎo, wúlùn shì zài dōngbù háishi zài zhōng-xībù tóuzī dōu shì hěn ānquán de.

○ Kǎ'ěr: Dàjiā dōu xīwàng bǎ fēngxiǎn jiàngdào zuì dī ma.

● Zhāng Yuǎn: Nà dāngrán. Dàn jìngzhēng háishi hěn jīliè de yo.

○ Lǐ Míngming: Suǒyǐ, yào zhuāzhù jīhui, gāi chūshǒu shí jiù chūshǒu.

Alice, Karl, Zhang Yuan and Li Mingming continues to discuss foreign investment.

- **Alice:** There are foreign investment in many places of China now, such as Beijing, Shanghai, Dalian, Qingdao…

○ **Zhang Yuan:** Yes, but most of their investment were focused on East China.

- **Alice:** I did not take note of it. Why is that?

○ **Zhang Yuan:** It is mainly because the eastern regions are more developed in terms of economy and transportation and have more talents.

- **Alice:** No wonder foreigners make more investment in the east of China.

○ **Li Mingming:** At present, the investment environment of the Mid-West of China have been improved and foreign investors enjoy many preferential policies of the government.

- **Karl:** Oh? Preferential policies? I am interested in them. Please go on.

○ **Li Mingming:** In line with the regional industrial transfer strategy and the newly-revised Superior Industry Catalog for Foreign Investment in the Central and Western Areas, the Chinese government has given preferential policies to the investment of the mid-west areas, such as revenue from tax and the use of land.

- **Zhang Yuan:** What's more, with a low labor cost, rich resources and energy, it has a huge development potential.

○ **Alice:** The investment environment in the eastern areas and that in the mid-west areas really have their own advantages.

- **Karl:** It looks like that a thorough investigation of the local investment environment is a must before making the investment.

○ **Zhang Yuan:** Nevertheless, foreign businessmen use different investment modes in the eastern and the western areas. Most of the investment in the east take the form of wholly foreign-owned enterprises, joint adventure holdings, and mergers and acquisitions.

- **Li Mingming:** Most foreigners make their investments in the western areas by cooperating or jointly investing with the leading companies.

○ **Alice:** Does it involve big risks to invest in the mid-west areas?

● Zhang Yuan: Don't worry! China's investment environment is becoming increasingly better. Making investment is safe no matter in the East or Mid-West of China.

○ Karl: We all wish to minimize the risks.

● Zhang Yuan: Of course. But the competition is still very intense.

○ Li Mingming: So, take your chance and do it at the right time.

生词 Shēngcí **New Words**

1. 集中	jízhōng	V	to focus on, to concentrate
2. 东部	dōngbù	N	east
3. 交通	jiāotōng	N	transportation
4. 中西部	zhōng-xībù		mid-west
5. 改善	gǎishàn	V	to improve
6. 哦	ó	Int	*expressing doubt*
7. 转移	zhuǎnyí	V	to transfer
8. 战略	zhànlüè	N	strategy
9. 税收	shuìshōu	N	revenue (from tax)
10. 土地	tǔdì	N	land
11. 劳动力	láodònglì	N	labor force
12. 资源	zīyuán	N	resource
13. 潜力	qiánlì	N	potential
14. 独资	dúzī	Adj	of sole proprietorship
15. 合资	hézī	V	to jointly invest
16. 控股	kòng gǔ	V//O	to hold shares
17. 风险	fēngxiǎn	N	risk
18. 抓住	zhuāzhù	V	to catch hold of, to take
19. 哟	yo	Pt	*used at the end of a sentence to express an imperative tone*

专有名词　Zhuānyǒu Míngcí　**Proper Noun**

| 大连 | Dàlián | Dalian, a city of China |

注释　Zhùshì　**Notes**

1　哦？优惠政策？ Oh? Preferential policies?

"哦"（ó），叹词，表示有些相信，又有些怀疑。例如：

"哦" is an interjection, meaning in doubt. For example,

① 哦？他也要去德国？

② 哦？你想换一家公司工作？

③ 哦？他们公司指定你们公司为北京的独家代理了？

2　根据区域产业转移战略和新修订的《中西部地区外商投资优势产业目录》，……
In line with the regional industrial transfer strategy and the newly-revised Superior Industry Catalog for Foreign Investment in the Central and Western Areas, ...

《中西部地区外商投资优势产业目录》（以下简称《目录》），是中国国家发改委和商务部在 2004 年版的基础上共同修订的，已于 2009 年 1 月 1 日正式实施。新的《目录》进一步扩大了中西部地区开放的领域和范围，适当放宽限制，促进产业转移有序承接，有利于中西部地区资源、产业、劳动力等优势的发挥，有利于推动中西部地区经济的可持续发展。《目录》以中西部各省（市、区）为范围编列。列入《目录》的产业可以享受鼓励类外商投资项目优惠政策。

The Superior Industry Catalog for Foreign Investment in the Central and Western Areas (hereinafter referred to as "the catalog") , jointly revised by China's National Development and Reform Commission and the Ministry of Commerce based on the 2004 version, was officially executed on January 1, 2009. In the new catalog, there are more areas and scopes in the mid-west regions opening up, and restrictions are moderately relaxed, thus accelerating the continuation of the industrial transfer, bringing the advantages of the mid-west areas, like resources, industries, and labor cost, into full play, as well as promoting its sustainable economic development. All the provinces (cities, regions) in the mid-west areas are included in the new catalog. The listed industries where foreign investment is encouraged may enjoy preferential policies.

3 **得好好儿调查研究当地的投资环境才行。**

A thorough investigation of the local investment environment is a must.

"得……才行"，表示应该或必须做什么，"才行"起强调作用。例如：

"得……才行" is used to indicate something one should or must do. "才行" is used here for emphasis. For example,

① 你想跟中国人打交道，得学好汉语才行。

② 如果想在中国投资的话，得了解中国的国情（guóqíng, the condition of a country）才行。

"得"（děi），助动词，表示意志上或事实上的必要。常用在口语中。不能单独回答问题。表示否定用"不用、不必"，不能用"不得"。例如：

"得" is an auxiliary verb expressing volitional or factual necessity and is often used in spoken Chinese. It cannot be used to answer a question on its own. Its negative form is "不用" or "不必", but not "不得". For example,

③ 你得马上走，要不就迟到了。

④ A：这件事得告诉经理。

　 B：不用，我能处理好。

⑤ 你们在进入新的市场之前得先作好市场调研。

4 **要抓住机会，该出手时就出手。** So, take your chance and do it at the right time.

"该"，助动词，表示"应当"的意思。"该……就……"表示应该做什么的时候就要做什么。例如：

"该" is an auxiliary verb meaning "should". "该……就……" is used to indicate to do something at the right time. For example,

① 你要把时间安排好，该学就学，该玩儿就玩儿。

② 这家公司的产品质量好，价格也便宜，你们该签约就尽快签约。

③ 这一年太忙了，趁（chèn, to take advantage of）着新年（xīnnián, New Year）假期，你该休息就要休息。

练习　Liànxí　**Exercises**

一　跟读生词，注意发音和声调。
Read the new words after the teacher and pay attention to your pronunciation and tones.

二　跟读课文，注意语音语调。
Read the texts after the teacher and pay attention to your pronunciation and intonation.

三　学生分组，分角色朗读课文一、二。
Divide the students into groups and read Texts 1 & 2 in roles.

四　学生分组，不看书，分角色表演课文一、二。
Divide the students into groups and play the roles in Texts 1 & 2 without referring to the book.

五　角色扮演。（提示：角色可以互换。）
Role playing. (Note: the roles can be exchanged.)

1. 两人一组，A扮演某跨国公司的总经理，B扮演副总经理，两人讨论在中国投资的问题。内容应包括：
   Students work in pairs, A being the general manager of a multinational company and B the deputy general manager. They are discussing the issue of making investment in China, including:

   ① 讨论在哪些领域投资；
   The areas they will invest in.

   ② 参考2007年新修订的《外商投资产业指导目录》，讨论投资领域的新变化。
   The new changes in the investment areas, with reference to the Catalog of Industries for Guiding Foreign Investment (Revised 2007).

2. 两人一组，分别扮演某公司市场部的两位副经理，商谈怎样在中国的东部地区和中西部地区投资，两者各有什么优势、劣势以及投资方式有什么不同。
   Students work in pairs, both playing the role of a general manager of the marketing department of a company who are discussing how to make investments in China's eastern and mid-west areas, what adavantages and disadvantages are respectively, and what the differences are in terms of the modes of investment.

六 复述课文一和课文二。
Retell Texts 1 & 2.

七 用下面的词语组成句子。
Make sentences with the following words and expressions.

课文一

① 在　中国　挺　外商　多　投资　还是　的

② 政府　这样的　项目　鼓励　开发　能源

③ 跨国公司　以往　的　制造业　是　最多　投资

④ 在　也很多　投资　服务业　跨国公司　的

⑤ 增加了　新的　很多　听说　领域　投资

⑥ 原来　放宽了　比较多　一些　的　领域　现在　已经　限制

⑦ 外商　目标　房地产　的　也是　投资　以前

⑧ 赶紧　吧　看好了　什么　就　项目　出手

课文二

① 中国　地方　很多　外商　投资　现在　都有

② 没　真　这些　到　我　还　注意

③ 交通　经济　东部地区　比较好　和　条件　的

④ 享受到　很多的　还能　优惠　政府　政策　投资　在中西部地区

129

⑤ 在 都有 土地 方面 使用 优惠 税收 等

⑥ 东部 的 优势 中西部 投资环境 各有 和

⑦ 好好儿 得 当地的 投资 研究 环境 才行 调查

⑧ 的 在 投资 东西部 不太 方式 一样 外商

⑨ 吗 投资 风险 在 大 中西部

⑩ 都 最低 希望 降到 风险 大家 把

八 用"看好"改写下面的句子。
Rewrite the following sentences with "看好".

例：Example：你们觉得什么项目好就赶紧出手吧！→
你们看好了什么项目就赶紧出手吧！

① 有些跨国公司认为投资清洁能源开发产业很好。→
_____

② 很多外商觉得中国市场的发展空间很大。→
_____

③ 最近很多跨国公司不想在服装加工业投资了。→
_____

④ 大部分外商愿意在中国东部地区投资。→
_____

⑤ 中国政府的优惠政策和投资环境的改善让越来越多的外商选择投资
中国的中西部地区。→
_____

九 用"得……才行"改写下面的句子。
Rewrite the following sentences with "得……才行".

例：Example：要想投资，应该先调查投资环境。→

要想投资，得先调查投资环境才行。

① 要学好汉语，应该先学好拼音。

_____

② 要在中国投资，应该先了解中国的国情。

_____

③ 要想打开市场，产品应该物美价廉。

_____

④ 要想找到一份好工作，首先应该写好自己的简历。

_____

⑤ 要想得到别人的信任，自己必须讲诚信。

_____

十 根据课文一的内容完成对话。
Complete the dialogues based on Text 1.

① A：西班牙的西尔萨·波特公司是在中国的什么地方投资的？

B：_____。

② A：波特公司投资的是什么项目？

B：_____。

③ A：波特公司为什么投资这个项目？

B：_____。

④ A：以往跨国公司投资最多的是什么产业？

B：_____。

⑤ A：世界上为什么有很多"中国制造"？

B：_____。

⑥ A：哪些是新增加的政府鼓励的投资领域？

B：_____。

⑦ A：哪些投资领域现在已经放宽了？

B：_____。

8 A：哪些投资领域的限制更多了？

　　B：_____。

十一　阅读理解。
Reading comprehension.

　　河北省统计局最新数据显示，2009年8月，全省利用外资快速增长，实际利用外资3.9亿美元，其中，外商直接投资3.8亿美元，增长1.1倍。

　　8月份外商直接投资主要有以下几个明显特征：

　　大项目支撑作用明显。合同外资1000万美元以上项目到位外资3.5亿美元，占全省外商直接投资的90.4%。

　　开发区外资聚集作用突出。开发区外商直接投资2.3亿美元，占全省外商直接投资的59.9%。

　　服务业到位外资增长迅速。外商直接投资服务业1.0亿美元，占全省外商直接投资的26.8%。

　　高新技术产业成为外商直接投资的亮点。本月外商直接投资高新技术产业1.5亿美元，占全省外商直接投资的比重为38.7%。

（摘自《河北日报》*Hebei Daily*）

生词	Shēngcí	**New Words**	
1. 河北省	Héběi Shěng	PN	Hebei Province
2. 统计局	tǒngjìjú	N	statistics bureau
3. 实际	shíjì	Adj	practical, realistic
4. 其中	qízhōng	N	among (which, them, etc.)
5. 明显	míngxiǎn	Adj	obvious
6. 特征	tèzhēng	N	characteristic
7. 支撑	zhīchēng	V	to sustain, to support
8. 到位	dào wèi	V//O	to reach the designated place
9. 聚集	jùjí	V	to gather
10. 亮点	liàngdiǎn	N	highlight
11. 比重	bǐzhòng	N	proportion

1. 回答问题：

Answer the questions:

① 外商投资的几个明显特征是什么？

② 大项目投资所占的比例是多少？

③ 外商投资集中在什么地方？

④ 外资增长迅速的行业是什么？

⑤ 外商投资的亮点产业是什么？

2. 小组讨论：

Group discussion:

　　看地图，找到河北省，然后结合阅读材料介绍一下2009年8月河北省外资企业的投资情况。几个人一组，结合课文所学内容，查找相关资料，讨论河北省的投资环境有哪些优势。

Look at the map and find Hebei Province. Then introduce the foreign-owned enterprises in Hebei in August 2009 based on the reading material. Several students work as a group. Discuss the advantages of investing in Hebei integrating what you have learned from the text with the relevant materials you have found.

十二 完成任务。

Complete the tasks.

1. 小组调查：Group survey:
   几个人一组，通过网络或报纸了解你们国家或某一国家的外商在中国投资的情况，主要了解这些外商投资集中在哪些产业，并分析其原因。每组成员合作写出一份简单的书面报告，并在课堂上向大家报告。
   Several students work as a group and get to know which industries the foreign investments are focused on and analyze why. Every group writes a brief report, and then make a presentation in class.

2. 查找资料：Find the information:
   几个人一组，上网查找2007年新修订的《外商投资产业指导目录》，看看投资领域的新变化，选择其中的5种变化向老师和同学报告。
   Several students work as a group, surfing the Internet to search the newly-revised Catalog of Industries for Guiding Foreign Investment. Find the new changes in the investment fields and choose five of them to report to your teacher and classmates.

3. 个人陈述：Personal statement:

如果你的公司要在中国投资办厂，你会选择东部地区还是中西部地区？你会选择什么样的投资方式：独资、合资控股还是和优势企业合作？请说明原因。

If the company you work for is going to invest and set up factories in China, which will you choose, the East or the Mid-West China? Which investment mode will you choose, sole proprietorship, joint adventure holding or cooperating with a leading company? Please explain why.

第六单元
UNIT

海外投资
Making investment overseas

课文 Text	题目 Title	注释 Notes
一	先登陆海外市场再说 Let's enter the overseas market first	1. 习惯用语"站稳脚跟" The idiom "站稳脚跟" 2. 习惯用语"有两下子" The idiom "有两下子" 3. 表示递进关系的复句："不光……，还……" "不光……，还……" used in a complex sentence indicating a progressive relationship 4. "先……再说" 5. "多"＋动词 "多"＋verb 6. 习惯用语"走弯路" The idiom "走弯路"
二	入乡随俗 When in Rome, do as the Romans do	1. 连词"要不" The conjunction "要不" 2. 疑问代词"哪"表示反问 The interrogative pronoun "哪" used in a rhetorical question 3. 习惯用语"不敢当" The idiom "不敢当" 4. 名词解释："软件"、"硬件" Explanations of the nouns "软件" and "硬件" 5. 成语"入乡随俗" The idiom "入乡随俗" 6. 形容词"拿手" The adjective "拿手" 7. 习惯用语"一言为定" The idiom "一言为定"

Xiān Dēnglù Hǎiwài Shìchǎng Zàishuō

先登陆海外市场再说

Let's enter the overseas market first

金龙公司想在德国投资，现在正召开高层领导会议讨论这件事。会议由总经理林琳主持。

● 林　琳：我们已经讨论了一段时间，现在就是否在德国投资进行举手表决。

（董事们举手表决，一致通过了金龙公司在德国投资的决议。）

○ 林　琳：好，一致通过。下一个议题是：我们要设立什么样的海外公司？

● 张董事：眼下的金融危机既是挑战，又是机遇。我们就是要抓住这个机遇，在海外投资建厂。

○ 王董事：你说得对，现在正是海外投资千载难逢的好机会。但是，我们要是先设立营销机构，等站稳脚跟再投资建厂，是不是更实际呢？

● 张董事：我们的产品在德国已经占了不少市场份额，如果我们像海尔集团一样在海外投资办厂，就会很快打造出自主国际品牌。

○ 董事长：海尔集团确实有两下子。

● 王董事：可是，我们现在还不能跟海尔比。在海外建厂，不光要有信心，还要有先进的技术和雄厚的资金。

○ 董事长：是呀，海尔集团冒了很大的风险，真的不容易。

● 王董事：众所周知，在海外建厂，成本太高。

○ 林　琳：我同意王董的意见，毕竟国内的劳动力资源、原材料成本都占优势。

● 董事长：设立营销机构的想法不错，先登陆海外市场再说。

○ 王董事：随着海外公司的发展壮大，我们公司肯定会发展成国际化的大公司。

● 董事长：现在的问题是，在海外投资一定要慎重，要多研究成功案例，少走弯路。

○ 林　琳：公司已经聘请了专业公司作德国市场的调研。

● 董事长：很好，等报告出来后，我们还要开会讨论。

○ 林　琳：好的，今天的会就开到这儿吧，我的助理会通知大家下次开会的时间。

※·※

Jīnlóng Gōngsī xiǎng zài Déguó tóuzī, xiànzài zhèng zhàokāi gāocéng lǐngdǎo huìyì tǎolùn zhè jiàn shì. Huìyì yóu zǒngjīnglǐ Lín Lín zhǔchí.

● Lín Lín:　Wǒmen yǐjīng tǎolùnle yí duàn shíjiān, xiànzài jiù shìfǒu zài Déguó tóuzī jìnxíng jǔ shǒu biǎojué.

(Dǒngshìmen jǔ shǒu biǎojué, yízhì tōngguòle Jīnlóng Gōngsī zài Déguó tóuzī de juéyì.)

○ Lín Lín: Hǎo, yízhì tōngguò. Xià yí ge yìtí shì: Wǒmen yào shèlì shénmeyàng de hǎiwài gōngsī?

● Zhāng dǒngshì: Yǎnxià de jīnróng wēijī jì shì tiǎozhàn, yòu shì jīyù. Wǒmen jiù shì yào zhuāzhù zhège jīyù, zài hǎiwài tóuzī jiàn chǎng.

○ Wáng dǒngshì: Nǐ shuō de duì, xiànzài zhèng shì hǎiwài tóuzī qiān zǎi nán féng de hǎo jīhui. Dànshì, wǒmen yàoshi xiān shèlì yíngxiāo jīgòu, děng zhànwěn jiǎogēn zài tóuzī jiàn chǎng, shì bu shì gèng shíjì ne?

● Zhāng dǒngshì: Wǒmen de chǎnpǐn zài Déguó yǐjīng zhànle bù shǎo shìchǎng fèn'é, rúguǒ wǒmen xiàng Hǎi'ěr Jítuán yíyàng zài hǎiwài tóuzī bàn chǎng, jiù huì hěn kuài dǎzào chū zìzhǔ guójì pǐnpái.

○ Dǒngshìzhǎng: Hǎi'ěr Jítuán quèshí yǒu liǎngxiàzi.

● Wáng dǒngshì: Kěshì, wǒmen xiànzài hái bù néng gēn Hǎi'ěr bǐ. Zài hàiwài jiàn chǎng, bùguāng yào yǒu xìnxīn, hái yào yǒu xiānjìn de jìshù hé xiónghòu de zījīn.

○ Dǒngshìzhǎng: Shì ya, Hǎi'ěr Jítuán màole hěn dà de fēngxiǎn, zhēn de bù róngyì.

● Wáng dǒngshì: Zhòng suǒ zhōu zhī, zài hǎiwài jiàn chǎng, chéngběn tài gāo.

○ Lín Lín: Wǒ tóngyì Wáng dǒng de yìjiàn, bìjìng guónèi de láodònglì zīyuán、 yuáncáiliào chéngběn dōu zhàn yōushì.

● Dǒngshìzhǎng: Shèlì yíngxiāo jīgòu de xiǎngfǎ búcuò, xiān dēnglù hǎiwài shìchǎng zàishuō.

○ Wáng dǒngshì: Suízhe hǎiwài gōngsī de fāzhǎn zhuàngdà, wǒmen gōngsī kěndìng huì fāzhǎn chéng guójìhuà de dà gōngsī.

● Dǒngshìzhǎng: Xiànzài de wèntí shì, zài hǎiwài tóuzī yídìng yào shènzhòng, yào duō yánjiū chénggōng ànlì, shǎo zǒu wānlù.

○ Lín Lín: Gōngsī yǐjīng pìnqǐngle zhuānyè gōngsī zuò Déguó shìchǎng de diàoyán.

● Dǒngshìzhǎng: Hěn hǎo, děng bàogào chūlai hòu, wǒmen hái yào kāihuì tǎolùn.

○ Lín Lín: Hǎo de, jīntiān de huì jiù kāidào zhèr ba, wǒ de zhùlǐ huì tōngzhī dàjiā xià cì kāihuì de shíjiān.

Jinlong Company will make investment in Germany and now they are holding a meeting of senior leaders to discuss it. The meeting is presided over by the general manager Lin Lin.

● Lin Lin: Since we have had discussion for some time, now please put up your hand to vote as to whether we should invest in Germany.

(The directors put up their hands and unanimously pass Jinlong Company's decision of making investment in Germany.)

○ Lin Lin: Well, pass. Next, what kind of overseas company shall we set up?

● Director Zhang: The financial crisis we are going through is a challenge as well as an opportunity. We need to take the chance and set up factories overseas.

○ Director Wang: You are right. It's a very rare chance to invest overseas now. However, is it more practical that we set up marketing institutions first and making investment to set up factories after we have settled down?

● Director Zhang: The products we made have already taken up a considerable market share in Germany. If we invest and set up overseas factories like what Haier Group did, we will build our own international brand very soon.

○ President: Haier Group is awesome indeed.

● Director Wang: However, we are no match for Haier at present. To set up factories, what we need is not only confidence, but also high-end technology and enough money.

○ President: Yes, it's not easy for Haier to have taken such a big risk.

● Director Wang: As everyone knows, it's rather costly to set up overseas factories.

○ Lin Lin: I agree with what Mr. Wang said. After all, the cost of the labor resources and the raw materials in China is relatively inexpensive.

● President: It's a good idea to set up marketing institutions. Let's enter the overseas market first.

○ Director Wang: With the development and expansion of its overseas subsidiaries, I bet our company will become internationally-renowned.

● President: What matters is that we must be prudent before making overseas investment. We need to analyze the successful cases, so we don't have to go through some failure.

○ Lin Lin: Our company has asked a professional company to do market research on German companies.

- President: Very good, we will discuss it again after the report comes out.
- Lin Lin: OK. That's all for today. My assistant will let you know the time for next meeting.

生词 Shēngcí New Words

1. 登陆	dēnglù	V		to enter
2. 段	duàn	M		*a measure word*
3. 就	jiù	Prep		concerning
4. 是否	shìfǒu	Adv		yes or no, for or against
5. 表决	biǎojué	V		to vote
6. 通过	tōngguò	V		to pass
7. 议题	yìtí	N		topic for discussion
8. 设立	shèlì	V		to establish, to set up
9. 董事	dǒngshì	N		trustee, director
10. 眼下	yǎnxià	N		at the moment, at present
11. 挑战	tiǎo zhàn	V//O		to challenge
12. 机遇	jīyù	N		chance, opportunity
13. 建厂	jiàn chǎng	V	O	to set up a factory
14. 千载难逢	qiān zǎi nán féng			very rare, occur once in a thousand years, once in a blue moon
15. 站稳	zhànwěn	V		to stand firm
16. 脚跟	jiǎogēn	N		heel
17. 实际	shíjì	Adj		practical, realistic
18. 占	zhàn	V		to occupy, to take up
19. 份额	fèn'é	N		share
20. 打造	dǎzào	V		to make, to build
21. 自主	zìzhǔ	V		to act on one's own
22. 董事长	dǒngshìzhǎng	N		chairman of the board, president

23. 两下子	liǎngxiàzi	N	skill, ability
24. 不光	bùguāng	Conj	not only
25. 技术	jìshù	N	technique, technology
26. 雄厚	xiónghòu	Adj	abundant, ample
27. 冒	mào	V	to run (the risk of)
28. 众所周知	zhòng suǒ zhōu zhī		as everyone knows
29. 原材料	yuáncáiliào	N	raw material
30. 壮大	zhuàngdà	Adj / V	expanding; to grow in strength
31. 国际化	guójìhuà	V	to become internationalized
32. 慎重	shènzhòng	Adj	prudent, careful
33. 弯路	wānlù	N	crooked road, (*fig.*) waste of time and effort due to improper method in work or study
34. 聘请	pìnqǐng	V	to invite, to ask

专有名词 Zhuānyǒu Míngcí **Proper Noun**

海尔集团	Hǎi'ěr Jítuán	Haier Group

注释 Zhùshì Notes

1 等站稳脚跟再投资建厂，是不是更实际呢？

Is it more practical that we set up marketing institutions first and making investment to set up factories after we have settled down?

"站稳脚跟"，习惯用语，用来说明人或事物经过努力坚持了下来，有了稳定的地位。常用在口语中。例如：

"站稳脚跟" is an idiom used to indicate somebody or something get settled after making constant efforts. It is often used in spoken Chinese. For example,

① 由于表现好，小钱刚来公司一年就已经站稳了脚跟。

② 圣兰公司进入中国市场之前作了非常充分的市场调研，所以，它能够在中国市场上站稳脚跟。

③ 丽人公司代理的产品很快就在上海市场站稳了脚跟。

2 **海尔集团确实有两下子。** Haier Group is awesome indeed.

"有两下子"，习惯用语，表示某人在某方面具有一定的水平，有本事，很能干。说话人有佩服、不敢轻视的意思。常用在口语中。例如：

"有两下子" is an idiom, meaning somebody is skilled in or gifted at doing something and indicating the speaker's admiration. It is often used in spoken Chinese. For example,

① 卡尔真有两下子，他唱的中文歌太好听了！

② 你还真有两下子，第一次找工作就被跨国公司录用了。

③ 林总确实有两下子，这么难的事都办成了。

3 **不光要有信心，还要有先进的技术和雄厚的资金。**
What we need is not only confidence, but also high-end technology and enough money.

"不光……还……"，构成表示递进关系的复句。"不光"，连词，"不但"的意思。用在递进复句的前一分句中，后一分句常用"还、而且、也"呼应，表示意思更进一层。例如：

"不光……还……" forms a complex sentence indicating a progressive relationship. "不光" is a conjunction, meaning "不但". It is used in the first clause of the progressive complex sentence, while "还", "而且" or "也" is often used in the second clause, indicating a further meaning. For example,

① 他们公司的产品不光质量好，价格也便宜。

② 她不光会说英语，还会说法语（Fǎyǔ, French）。

③ 我们集团在德国不光要设立营销机构，而且要投资建厂。

4 **设立营销机构的想法不错，先登陆海外市场再说。**
It's a good idea to set up marketing institutions. Let's enter the overseas market first.

"先……再说"，表示先做好一件事，其他事情留在以后再办理或考虑。表示因为某种需要，所以只要做完想要做的事情，不管以后怎么样。例如：

"先……再说", indicating doing something before handling or considering something else. It indicates as long as one finishes doing something he/she wants to do, he/she doesn't care about the consequence. For example,

① 不要想那么多，先把眼前（yǎnqián, before one's eyes）的事办好再说。

② 不管衣服的颜色怎么样，先买下来再说。

③ 关于海外投资的事，你们先作一下市场调查再说。

5 在海外投资一定要慎重，要多研究成功案例。

We must be prudent before making overseas investment. We need to analyze the successful cases.

"多 + 动词"，表示数量大、频率高。"多"在动词前作状语不带"地"。例如：

"多 + verb" indicates a large number or a high frequency. "多" is usually used as an adverbial before a verb without using "地". For example,

① 这些都是你爱吃的菜，多吃点儿吧。

② 要想学好口语，就得多听多说。

③ 我们要多了解中国文化，只有这样才能顺利打入中国市场。

"多"在动词前作状语还可以用在一些客套话里。例如：

"多" as an adverbial before the verb is also used in some courteous expressions. For example,

④ 请多关照。/ 多多关照。

6 要多研究成功案例，少走弯路。

We need to analyze the successful cases, so we don't have to go through some failure.

"走弯路"，习惯用语，表示做某事没找到最好的方法，花费了不必要的工夫。例如：

"走弯路" is an idiom indicating to waste one's time and effort because he/she didn't find the best way to do something. For example,

① 我刚学法语时只知道死记硬背（sǐ jì yìng bèi, to learn by rote），走了不少弯路。

② 你要多向有经验的人请教，这样才能避免走弯路。

③ 金龙公司知己知彼，投资德国市场没走弯路。

2

课文二 Text 2

Rù Xiāng Suí Sú

入乡随俗

When in Rome, do as the Romans do

 林琳在一家超市门口遇到刚买完东西的卡尔。

● 卡尔：林总，这么巧，您也来买东西？

○ 林琳：我到这边买点儿水果去看一个朋友。你买这么多菜呀！

● 卡尔：我要跟中国朋友学做中国菜。

○ 林琳：看来你是越来越适应这里的环境了。

● 卡尔：多亏有中国朋友帮我，要不哪能这么快就适应？对了，听说您最近在忙去德国投资的事，顺利吗？

○ 林琳：正在接洽，有些事还要向你请教呢。

● 卡尔：请教不敢当，有空儿可以交流交流。

○ 林琳：你怎么看这件事？

● 卡尔：我觉得你们不管是设立销售网点、投资建厂，还是并购德国的企业，都要适应德国的环境。

○ 林琳：就像你要适应中国的环境一样。

● 卡尔：对呀。

○ 林琳：我们想先在德国设立营销机构，以后再逐步发展。

● 卡尔：这样会更容易些。

○ 林琳：可是万事开头难，你有什么好建议？

● 卡尔：我建议你们好好儿了解德国人的消费心理，了解一下德国同类产品的市场信息。

○ 林琳：我们已经委托专业公司做这方面的事了。

● 卡尔：还要研究德国人的管理方法。

○ 林琳：你说得对，和国际接轨应该是全方位的，软件、硬件都要准备。

● 卡尔：关键是管理的本土化。

○ 林琳：是的，我们公司会招聘一些德国本土的管理人才。

● 卡尔：看来你们已经有很好的计划了。

○ 林琳：我还要多和你聊聊，请你出出点子。

● 卡尔：我的点子很简单：入乡随俗。

○ 林琳：这真的很重要。我最近看了一些国内外知名企业对外投资的案例，在如何融入异国文化方面，有很多经验和教训。

● 卡尔：是呀，本土化是个大课题。

○ 林琳：（低头看表）时间不早了，你快去学做中国菜吧。改天请你吃饭，我们再好好儿聊。

● 卡尔：您倒不用那么破费，教我做几个您的拿手菜就行。

○ 林琳：好的，一言为定，回头见。

● 卡尔：回头见。

> Lín Lín zài yì jiā chāoshì ménkǒu yùdào gāng mǎiwán dōngxi de Kǎ'ěr.

● Kǎ'ěr: Lín zǒng, zhème qiǎo, nín yě lái mǎi dōngxi?

○ Lín Lín: Wǒ dào zhè biān mǎi diǎnr shuǐguǒ qù kàn yí ge péngyou. Nǐ mǎi zhème duō cài ya!

● Kǎ'ěr: Wǒ yào gēn Zhōngguó péngyou xué zuò Zhōngguó cài.

○ Lín Lín: Kànlái nǐ shì yuè lái yuè shìyìng zhèlǐ de huánjìng le.

● Kǎ'ěr: Duōkuī yǒu Zhōngguó péngyou bāng wǒ, yàobù nǎ néng zhème kuài jiù shìyìng? Duì le, tīngshuō nín zuìjìn zài máng qù Déguó tóuzī de shì, shùnlì ma?

○ Lín Lín: Zhèngzài jiēqià, yǒuxiē shì hái yào xiàng nǐ qǐngjiào ne.

● Kǎ'ěr: Qǐngjiào bù gǎndāng, yǒu kòngr kěyǐ jiāoliú jiāoliú.

○ Lín Lín: Nǐ zěnme kàn zhè jiàn shì?

● Kǎ'ěr: Wǒ juéde nǐmen bùguǎn shì shèlì xiāoshòu wǎngdiǎn、tóuzī jiàn chǎng, háishi bìnggòu Déguó de qǐyè, dōu yào shìyìng Déguó de huánjìng.

○ Lín Lín: Jiù xiàng nǐ yào shìyìng Zhōngguó de huánjìng yíyàng.

● Kǎ'ěr: Duì ya.

○ Lín Lín: Wǒmen xiǎng xiān zài Déguó shèlì yíngxiāo jīgòu, yǐhòu zài zhúbù fāzhǎn.

● Kǎ'ěr: Zhèyàng huì gèng róngyì xiē.

○ Lín Lín: Kěshì wànshì kāitóu nán, nǐ yǒu shénme hǎo jiànyì?

● Kǎ'ěr: Wǒ jiànyì nǐmen hǎohāor liǎojiě Déguó rén de xiāofèi xīnlǐ, liǎojiě yíxià Déguó tónglèi chǎnpǐn de shìchǎng xìnxī.

○ Lín Lín: Wǒmen yǐjīng wěituō zhuānyè gōngsī zuò zhè fāngmiàn de shì le.

● Kǎ'ěr: Hái yào yánjiū Déguó rén de guǎnlǐ fāngfǎ.

○ Lín Lín: Nǐ shuō de duì. Hé guójì jiēguǐ yīnggāi shì quánfāngwèi de, ruǎnjiàn、yìngjiàn dōu yào zhǔnbèi.

● Kǎ'ěr: Guānjiàn shì guǎnlǐ de běntǔhuà.

○ Lín Lín: Shì de, wǒmen gōngsī huì zhāopìn yìxiē Déguó běntǔ de guǎnlǐ réncái.

● Kǎ'ěr: Kànlái nǐmen yǐjīng yǒu hěn hǎo de jìhuà le.

○ Lín Lín: Wǒ hái yào duō hé nǐ liáoliao, qǐng nǐ chūchu diǎnzi.

● Kǎ'ěr: Wǒ de diǎnzi hěn jiǎndān: rù xiāng suí sú.

○ Lín Lín: Zhè zhēn de hěn zhòngyào. Wǒ zuìjìn kànle yìxiē guónèi-wài zhīmíng qǐyè duìwài tóuzī de ànlì, zài rúhé róngrù yìguó wénhuà fāngmiàn, yǒu hěn duō jīngyàn hé jiàoxun.

● Kǎ'ěr: Shì ya, běntǔhuà shì ge dà kètí.

○ Lín Lín: (Dītóu kàn biǎo) Shíjiān bù zǎo le, nǐ kuài qù xué zuò Zhōngguó cài ba. Gǎitiān qǐng nǐ chī fàn, wǒmen zài hǎohāor liáo.

● Kǎ'ěr: Nín dào búyòng nàme pòfèi, jiāo wǒ zuò jǐ ge nín de náshǒucài jiù xíng.

○ Lín Lín: Hǎo de, yì yán wéi dìng, huítóu jiàn.

● Kǎ'ěr: Huítóu jiàn.

※·※

At the entrance of a supermarket, Lin Lin runs into Karl who has just finished shopping there.

● Karl: What a surprise! Nice to see you, Ms. Lin!

○ Lin Lin: I bought some fruit for the friend I am going to visit. Look, you bought so many vegetables!

● Karl: I am learning to cook Chinese food from a Chinese friend.

○ Lin Lin: It seems that you adapt yourself to the environment better and better.

● Karl: Thanks to my Chinese friends, or how can I fit in the life here so soon? By the way, I was told that you are busy with investing in Germany recently. Is it going well?

○ Lin Lin: We are making arrangements for it. There is something I want to ask for your advice.

● Karl: I am flattered. Let's exchange ideas when you are free.

○ Lin Lin: What do you think about it?

● Karl: In my opinion, no matter what you do, establishing marketing institutions, making investments and setting up factories, or acquiring German enterprises, you need to adapt yourself to the environment in Germany.

○ Lin Lin: Just as what you do in China.

● Karl: Absolutely.

○ Lin Lin: We want to set up a marketing institution in Germany first, and then develop step by step.

● Karl: That will be easier.

○ Lin Lin: But everything is difficult at the beginning. Do you have any good suggestions?

● Karl: Please try your best to learn the German people's consumption psychology as well as the market information of the similar products in Germany.

○ Lin Lin: A professional company is already asked to do this sort of thing.

● Karl: You should study the German management style as well.

○ Lin Lin: Got it. We have to bring everything in line with the international practice and get both software and hardware ready for it.

● Karl: The key lies in the localization of management.

○ Lin Lin: Yes, our company will recruit a number of local managers.

● Karl: It seems that you already have a good plan.

○ Lin Lin: Please go on and offer more advice.

● Karl: My suggestion is simple: When in Rome, do as the Romans do.

○ Lin Lin: This really means a lot. I read cases about the overseas investment of some nationally or internationally renowned companies recently, which told me many dos and don'ts on how to integrate foreign culture.

● Karl: Yes, localization is a major issue.

○ Lin Lin: (looking at her watch) Go and learn to cook Chinese food now, or you'll be late. Please be my guest some other day so that we can talk more.

● Karl: You don't have to do that. I'd be happy if you could teach me how to cook some food you're good at.

○ Lin Lin: OK. A promise is a promise. See you later.

● Karl: See you later.

生词 Shēngcí New Words

1. 入乡随俗	rù xiāng suí sú		when in Rome, do as the Romans do
2. 水果	shuǐguǒ	N	fruit
3. 适应	shìyìng	V	to adapt, to suit

4. 要不	yàobù	Conj	or, otherwise
5. 不敢当	bù gǎndāng		don't deserve it
6. 交流	jiāoliú	V	to communicate, to exchange
7. 不管	bùguǎn	Conj	no matter
8. 逐步	zhúbù	Adv	step by step
9. 接轨	jiē guǐ	V//O	to bring in line with
10. 硬件	yìngjiàn	N	hardware, (*fig.*) mechanical equipment or materials esp. used in production
11. 融入	róngrù	V	to blend in, to integrate into
12. 异国	yìguó	N	foreign country
13. 教训	jiàoxun	N	lesson
14. 课题	kètí	N	issue, topic for discussion
15. 倒	dào	Adv	*indicating contrast or concession*
16. 拿手	náshǒu	Adj	adept, good at
17. 一言为定	yì yán wéi dìng		a promise is a promise, that's a deal
18. 回头见	huítóu jiàn		see you later
回头	huítóu	Adv	after a while, a moment later

注释 Zhùshì **Notes**

1 要不哪能这么快就适应？ Or how can I fit in the life here so soon?

"要不"，连词，"如果不这样"的意思。表示如果不是上文所说的情况，就会发生或可能发生下文所说的情况。也可以说成"要不然"。还可以和助词"的话"连用，后面可以停顿。常用在口语中。例如：

"要不" is a conjunction, meaning "or, otherwise". It indicates something to be mentioned in the following text will happen or will most likely happen if it is not under the condition mentioned in the previous text. It is equivalent to "要不然". It can be used with the particle "的话" and followed by a pause. It is often used in spoken Chinese. For example,

① 多亏我们先作了市场调查，要不就要走弯路了。

② 你们快点儿，要不就迟到了。

③ 今天太忙了，要不还可以陪你参观参观我们厂。

2 要不哪能这么快就适应？ **Or how can I fit in the life here so soon?**

"哪"，疑问代词，这里表示反问，强调否定或肯定。这时不能读成"něi"。例如：

"哪" is an interrogative pronoun, indicating a rhetorical question and emphasizing negation or affirmation. It cannot be pronounced "něi" in such a sentence. For example,

① 公司有公司的规定，哪能想走就走？

② 没有你们的帮助，我们哪能这么快打入中国市场？

③ 我们哪知道这个招标项目？是卡尔提供的信息。

④ 我们已经约好了，哪能不去呢？

3 请教不敢当。**I am flattered.**

"不敢当"，习惯用语。表示承受不起对方的夸奖、感谢、情义，用来表示谦虚、礼让。例如：

"不敢当" is an idiom indicating not to deserve the compliment, gratitude, or regards of the other party. It is used to indicate modesty and courtesy. For example,

① 小王对他的老板说："张总，您这么忙，还亲自过来看望我们，实在不敢当。"

②A：您是经济学家吧？

B：不敢当，我只是个普通教师。

③ 你们这么热情招待，我们真是不敢当。

4 和国际接轨应该是全方位的，软件、硬件都要准备。
We have to bring everything in line with the international practice and get both software and hardware ready for it.

"软件、硬件"，原来均为计算机用语。后来，"软件"借来指生产、科研、经营等过程中的人员素质、管理水平、服务质量等。相应的，"硬件"借来指生产、科研、经营等过程中的机器设备、物质材料等。现在提到投资环境，也常常用这两个词。比如，在经济技术开发区里，"软件"是指优惠政策等，"硬件"是指厂房等基础设施。

"软件" and "硬件" were originally known as computer terms. Later, the former refers to the staff's qualification, management level and service quality in the process of production, research and operation. In contrast, the latter refers to the machinery equipment and materials needed in the process of production, research and operation. These two terms are also often used in investment environment now. For example, in an economic and technological development zone, the former refers to the preferential policy, while the latter refers to the infrastructure like the workshop etc.

5 我的点子很简单：入乡随俗。

My suggestion is simple: When in Rome, do as the Romans do.

"入乡随俗"，成语，表示到了一个地方就按照当地的风俗习惯办事。课文中是指在海外投资的中国企业要实现经营管理的本土化，只有这样，才能真正占领海外市场。

"入乡随俗" is an idiom, indicating to follow the local practice when coming to a place. In this lesson, it refers to Chinese companies' becoming localization when they invest overseas, because this is the only way for them to take up the overseas market.

6 教我做几个你的拿手菜就行。

I'd be happy if you could teach me how to cook some food you're good at.

"拿手"，形容词，表示对某方面的技能比较擅长。作定语时表示某人最擅长做的事或做得最好的事。例如：

"拿手" is an adjective, meaning good at something and used as an attribute. For example,

① 做市场营销他最拿手了。

② 在结婚之前，你得学做几个拿手菜。

③ 跳舞可是她的拿手好戏。

7 好的，一言为定。OK. A promise is a promise.

一言为定"，习惯用语，表示双方按商量好的办法办，不再改变主意。常用在口语中。例如：

"一言为定" is an idiom, indicating both parties will do what has been decided and won't change their mind. It is often used in spoken Chinese. For example,

① A：咱们打赌（dǎ dǔ, to bet），看看谁猜（cāi, to guess）得对。

　 B：一言为定，谁输了谁请客。

② A：我们周六下午两点去小王家玩儿。

　 B：好的，一言为定。

③ A：咱们就下周一签约。

　 B：一言为定，下周一见。

练习 Liànxí **Exercises**

一 跟读生词，注意发音和声调。
Read the new words after the teacher and pay attention to your pronunciation and tones.

二 跟读课文，注意语音语调。
Read the texts after the teacher and pay attention to your pronunciation and intonation.

三 学生分组，分角色朗读课文一、二。
Divide the students into groups and read Texts 1 & 2 in roles.

四 学生分组，不看书，分角色表演课文一、二。
Divide the students into groups and play the roles in Texts 1 & 2 without referring to the book.

五 角色扮演。（提示：角色可以互换。）
Role playing. (Note: the roles can be exchanged.)

1. 几个人一组，分别扮演一家服装公司的几位董事和总经理，模拟召开一个董事会，商量在英国投资服装业的事。主要议题是：决定投资方式——是投资建厂，还是设立营销机构？其他不参加谈话的人旁听。一人做主持人，在讨论的同时根据小组谈话的内容在黑板上列出每个人的看法和这两种投资方式的利弊。谈话结束后，其他没有参加谈话的人举手表决，选出一种投资方式。举手表决的人要说明自己选择的理由。

Several students work as a group, acting as several directors and general managers of a garment company. Suppose they are holding a board meeting, discussing the matter of making investment in the fashion industry in Britain. They mainly discuss the modes of investment, whether investing and setting up factories or setting up marketing institutions. Other students are present at the meeting as observers. One student presides over the meeting. When discussion is going on, he writes everybody's opinion on the blackboard, listing the advantages and disadvantages of the two investment modes. After the discussion, the observers put up their hands to vote, choosing an investment mode, and explain their choice.

2. 两人一组：A扮演一家中国公司的总经理，B扮演他（她）的外国朋友。A向B请教在B的国家进行投资的注意事项。

Students work in pairs, Student A being the general manager of a Chinese company, while Student B being his/her foreign friend. A is asking B the dos and don'ts of investing in B's motherland.

六 复述课文一和课文二。
Retell Texts 1 & 2.

七 替换练习。
Substitution drills.

① 眼下的金融危机 既 是挑战， 又 是机遇。

去这家公司工作	能赚钱	能积累工作经验
在中国旅行	能开阔（kāikuò, to widen）视野（shìyě, field of vision, horizon）	能认识很多朋友
在跨国公司工作	要外语好	要有很强的业务能力

② 我们 先 设立营销机构， 等 站稳脚跟 再 投资建厂。

你	住我这儿吧，	找到合适的房子	搬出去
张总想	搞市场调查	了解了市场需求后	研发新产品
我想	进修（jìnxiū, to pursue further education）汉语	学好汉语后	找工作

③ 在海外建厂， 不光要 有信心， 还要 有先进的技术和雄厚的资金。

学好外语	付出（fùchū, to make）努力	找到好的方法
在中国投资	看到眼前利益（lìyì, benefit）	看到长远（chángyuǎn, long-term）利益
找女朋友	人长得漂亮	性格好

④ 毕竟 国内的劳动力资源、原材料成本都占优势。

| 是老师傅（shīfu, master），他一来问题就解决了 |
| 是专家，马上就把电脑修好了 |
| 第一次到国外旅游，可得注意照顾好自己啊 |

⑤ 多亏 有中国朋友帮我， 要不 哪能这么快就适应？

他们公司一直支持我们	我们公司就倒闭（dǎobì, to close down）了
卡尔帮我翻译（fānyì, to translate）	我一句也听不懂
警察（jǐngchá, policeman）帮助我	我就迷路（mí lù, to lose one's way）了

⑥ 我 建议 你们 好好儿 了解一下德国人的消费心理。

小王	我	休息休息
我	你	研究一下中国的投资政策
老师	我们	了解中国的风土人情（fēngtǔ rénqíng, local conditions and customs）

⑦ 你倒不用 那么破费， 教我做几个你的拿手菜 就行。

加班	工作计划下周一交给我
带那么多钱	带张信用卡
每天锻炼身体	一周两三次

八 用下面的词语组成句子。
Make sentences with the following words and expressions.

课文一

① 投资 的 正是 千载难逢 现在 海外 好机会

② 占了 在 不少 已经 市场 我们的 德国 产品 份额

③ 比 跟 不能 现在 海尔 还 我们

④ 冒 海尔集团 了 的 很大 风险

⑤再说　先　海外　登陆　市场

⑥我们　会　发展　公司　肯定　成　的　大公司　国际化

⑦成功　研究　要　多　案例

⑧我的　大家　下次　助理　会　开会的时间　通知

课文二

①要　我　朋友　中国　做　学　跟　中国菜

②环境　你　这里的　适应　看来　越来越　了　是

③有些　还要　事　请教　向　你　呢

④我　德国人　的　你们　好好儿　消费心理　建议　了解

⑤我们　专业公司　的　了　做　已经　委托　这方面　事

⑥和　的　是　接轨　应该　全方位　国际

⑦本土化　的　是　关键　管理

⑧一些　德国　人才　我们公司　会　本土　的　管理　招聘

九　完成句子。
Complete the sentences.

① ＿＿＿＿＿＿＿＿＿＿＿＿＿＿＿＿，新技术一学就会。（毕竟）

② ＿＿＿＿＿＿＿＿＿＿＿＿＿＿＿＿，你都得按时上班。（不管）

③你不用着急买房子，＿＿＿＿＿＿＿＿＿＿＿＿。（先……再说）

④ ＿＿＿＿＿＿＿＿＿＿＿＿＿＿，要不我就迟到了。（多亏）

⑤ 要想学好口语，_____。（关键）

⑥ _____，所以受到公司的重用。（逐步）

十　根据课文内容填空。

Fill in the blanks according to the texts.

课文一

张董事：眼下的金融危机既是_____，又是_____。我们公司就是要
_____这个机遇，在海外投资建厂。

王董事：你说得对，现在正是海外投资_____的好机会。但是，我们要
是先_____营销机构，等_____脚跟再投资建厂，是不是
更_____呢？

张董事：我们的产品在德国已经_____了不少市场份额，如果我们像海尔
集团一样在海外投资办厂，就会很快_____出_____国际品
牌。

董事长：海尔集团确实有_____。

王董事：可是，我们现在还不能跟海尔比。在海外建厂，不光要有_____，
还要有_____的技术和雄厚的_____。

董事长：是呀，海尔集团_____了很大的风险，真的不容易。

王董事：众所周知，在海外建厂，_____太高。

课文二

林　琳：我们想先在德国设立_____机构，以后再_____发展。

卡　尔：这样会更容易些。

林　琳：可是_____，你有什么好建议？

卡　尔：我建议你们好好儿了解一下德国人的_____，了解一下德国同
类产品的市场信息。

林　琳：我们已经委托_____公司做这方面的事了。

卡　尔：还要研究德国人的_____方法。

林　琳：你说得对，和国际_____应该是全方位的，_____、硬件
都要准备。

卡　尔：关键是管理的_____。

林　琳：是的，我们公司会_____一些德国_____的管理人才。

卡　尔：看来你们已经有很好的计划了。

林　琳：我还要多和你聊聊，请你出出点子。

卡　尔：我的点子很简单：_____。

十一　阅读理解。
Reading comprehension.

　　随着中国经济的快速发展，有实力的民营企业纷纷走出国门，到海外投资，掀起了"二次创业"的热潮。

　　在中国民营企业进行海外投资的过程中，能否本土化是成功的关键。有些企业入乡随俗，迅速适应了海外的投资环境，从而在当地市场站稳了脚跟。

　　为了跟上国际化的步伐，民营企业采取了通过本土化修炼"内功"的策略。他们一方面重视对国外先进技术的学习，另一方面在创新企业机制上下工夫，积极学习当地企业在人力管理等方面的宝贵经验。

　　近年来，进行海外投资的民营企业通过建立海外营销机构、合资、独资、并购等方式，积极实施"走出去"战略。

　　有关专家认为，民营企业要想做大做强，必须不断向外拓展。"走出去"已经成为民营企业开拓市场的发展趋势。

生词　Shēngcí　New Words

1. 国门	guómén	N	border
2. 创业	chuàngyè	V	to do pioneering work
3. 热潮	rècháo	N	upsurge
4. 从而	cóng'ér	Conj	thus, thereby
5. 步伐	bùfá	N	step, pace
6. 修炼	xiūliàn	V	to cultivate and practice
7. 内功	nèigōng	N	internal force
8. 机制	jīzhì	N	mechanism, system
9. 下工夫	xià gōngfu		to concentrate one's efforts, to put in time and energy
10. 宝贵	bǎoguì	Adj	valuable, precious

回答问题：

Answer the questions:

① 有实力的中国民营企业是怎么进行"二次创业"的？

② 民营企业在投资海外的过程中，最关键的是什么？

③ 在国际化的过程中，民营企业是怎样修炼"内功"的？

④ 民营企业的海外投资方式有哪些？

⑤ 中国的民营企业为什么要"走出去"？

完成任务。
Complete the tasks.

1. 调查并汇报：Investigate and report:
   查找资料，根据资料介绍你们国家在投资环境方面的特点。如果一家中国企业要到你们国家投资，需要注意什么？请写出 200 字左右的建议，并向老师和同学报告。
   Please search the information and report the characteristics of the investment environment in your motherland. What are the dos and don'ts for a Chinese company that is going to make investment there? Please write a proposal of around 200 Chinese characters and make a presentation to your teacher and classmates.

2. 调查并汇报：Investigate and report:
   几个人一组，查找资料，了解中国的海尔集团在海外投资的情况，然后向老师和同学介绍他们是怎么做的。
   Several students work as a group and search the information on the overseas investment of China's Haier Group. Make a presentation of how they made it to your teacher and classmates.

第七单元
UNIT

商标法和知识产权
Trademark law and intellectual property

课文 Text	题目 Title	注释 Notes
一	企业一定要有品牌保护意识 Enterprises must have brand protection awareness	1．"趁……之际" 2．习惯用语"钻空子" 　　The idiom "钻空子" 3．名词解释："老字号" 　　Explanation of the noun "老字号" 4．副词"倒是"（复习） 　　The adverb "倒是" (Review) 5．名词解释：《马德里协定》 　　Explanation of《马德里协定》
二	拒绝盗版，从我做起 Being the first one to say "No" to piracy	1．动词"明摆着" The verb "明摆着" 2．"谁知道"表示反问 　　"谁知道" used in rhetorical questions 3．习惯用语"不管三七二十一" 　　The idiom "不管三七二十一" 4．助词"来着" The particle "来着" 5．习惯用语"谁说不是呢" 　　The idiom "谁说不是呢" 6．"从……做起"

课文一 Text 1

Qǐyè Yídìng Yào Yǒu Pǐnpái Bǎohù Yìshi

企业一定要有品牌保护意识

Enterprises must have brand protection awareness

> 林琳和康爱丽一起去国际饭店参加商标注册研讨会。休息的时候，她们在饭店咖啡厅聊了起来。

- 康爱丽：刚才主讲人说得太好了！

- 林　琳：是啊，特别是中国知名品牌在海外被抢注的事，对我来说，印象太深刻了。

- 康爱丽：这件事说明，有人趁中国企业走向世界之际，钻了他们缺乏品牌意识的空子。

- 林　琳：那在国外通常会怎么解决这种问题呢？

- 康爱丽：有些人会走法律程序。

- 林　琳：你是说要打官司吗？

- 康爱丽：对。不过，这种方法比较耗时耗力，有时结果也不一定理想。

○ 林　琳：那还有其他方法吗？

● 康爱丽：当然有，有些企业愿意花钱回购已经被抢注的商标。

○ 林　琳：对了，刚才主讲人就提到了一个这样的例子。

● 康爱丽：是。中国的老字号"狗不理"就和日本的"狗不理"商标注册人进行了协商，办理了转让手续。

○ 林　琳：这倒是很实际的办法。

● 康爱丽：不过，我觉得在没出事之前就得提防。

○ 林　琳：你说得对，企业一定要有品牌保护意识。

● 康爱丽：中国已经加入了世贸组织，中国企业也要学会运用国际竞争规则。

○ 林　琳：对。现在注册商标很方便。中国企业可以利用《马德里协定》，不出国门就能申请。而且只要申请一次，就可以使自己的商标在协定的其他成员国得到保护。

● 康爱丽：看来你很懂商标法嘛，我要向你多请教。

○ 林　琳：请教可不敢当。

● 康爱丽：那我们外企在中国应该怎么办理商标注册呢？

○ 林　琳：你们可以委托中国政府认可的具有商标代理资格的组织代理商标注册。

● 康爱丽：有这种服务真是太方便了！

○ 林　琳：（看了看表）会议要开始了，咱们回去吧。

※·※

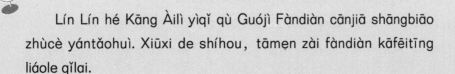

Lín Lín hé Kāng Àilì yìqǐ qù Guójì Fàndiàn cānjiā shāngbiāo zhùcè yántǎohuì. Xiūxi de shíhou, tāmen zài fàndiàn kāfēitīng liáole qǐlai.

● Kāng Àilì: Gāngcái zhǔjiǎngrén shuō de tài hǎo le!

○ Lín Lín: Shì a, tèbié shì Zhōngguó zhīmíng pǐnpái zài hǎiwài bèi qiǎngzhù de shì, duì wǒ lái shuō, yìnxiàng tài shēnkè le.

● Kāng Àilì: Zhè jiàn shì shuōmíng, yǒu rén chèn Zhōngguó qǐyè zǒu xiàng shìjiè zhī jì, zuānle tāmen quēfá pǐnpái yìshi de kòngzi.

○ Lín Lín: Nà zài guówài tōngcháng huì zěnme jiějué zhè zhǒng wèntí ne?

● Kāng Àilì: Yǒuxiē rén huì zǒu fǎlǜ chéngxù.

○ Lín Lín: Nǐ shì shuō yào dǎ guānsi ma?

● Kāng Àilì: Duì. Búguò, zhè zhǒng fāngfǎ bǐjiào hào shí hào lì, yǒushí jiéguǒ yě bù yídìng lǐxiǎng.

○ Lín Lín: Nà hái yǒu qítā fāngfǎ ma?

● Kāng Àilì: Dāngrán yǒu, yǒuxiē qǐyè yuànyì huā qián huígòu yǐjīng bèi qiǎngzhù de shāngbiāo.

○ Lín Lín: Duì le, gāngcái zhǔjiǎngrén jiù tídàole yí ge zhèyàng de lìzi.

● Kāng Àilì: Shì. Zhōngguó de lǎozìhao "Gǒubùlǐ" jiù hé Rìběn de "Gǒubùlǐ" shāngbiāo zhùcèrén jìnxíngle xiéshāng, bànlǐle zhuǎnràng shǒuxù.

○ Lín Lín: Zhè dàoshì hěn shíjì de bànfǎ.

● Kāng Àilì: Búguò, wǒ juéde zài méi chūshì zhīqián jiù děi dīfang.

○ Lín Lín: Nǐ shuō de duì, qǐyè yídìng yào yǒu pǐnpái bǎohù yìshi.

● Kāng Àilì: Zhōngguó yǐjīng jiārùle Shì-Mào Zǔzhī, Zhōngguó qǐyè yě yào xuéhuì yùnyòng guójì jìngzhēng guīzé.

○ Lín Lín: Duì. Xiànzài zhùcè shāngbiāo hěn fāngbiàn. Zhōngguó qǐyè kěyǐ lìyòng 《Mǎdélǐ Xiédìng》, bù chū guómén jiù néng shēnqǐng. Érqiě zhǐyào shēnqǐng yí cì jiù kěyǐ shǐ zìjǐ de shāngbiāo zài xiédìng de qítā chéngyuánguó dédào bǎohù.

● Kāng Àilì: Kànlái nǐ hěn dǒng shāngbiāofǎ ma, wǒ yào xiàng nǐ duō qǐngjiào.

○ Lín Lín: Qǐngjiào kě bù gǎndāng.

● Kāng Àilì: Nà wǒmen wàiqǐ zài Zhōngguó yīnggāi zěnme bànlǐ shāngbiāo zhùcè ne?

○ Lín Lín: Nǐmen kěyǐ wěituō Zhōngguó zhèngfǔ rènkě de jùyǒu shāngbiāo dàilǐ zīgé de zǔzhī dàilǐ shāngbiāo zhùcè.

● Kāng Àilì: Yǒu zhè zhǒng fúwù zhēn shì tài fāngbiàn le!

○ Lín Lín: (Kànle kàn biǎo) Huìyì yào kāishǐ le, zánmen huíqù ba.

※ 商务汉语系列教程 ※ 成功 ※·※·※·※·※·※·※·※·※·※·※·※·※·※·※·※·※·※·※·※

Lin Lin and Alice are at a seminar on trademark registration in the International Hotel. They are chatting at the coffee house of the hotel during the break.

● Alice: What a splendid speech the keynote speaker made just now!

○ Lin Lin: Yes. I'm particularly impressed by the Chinese name brands' being pre-registered abroad.

● Alice: It means that when Chinese companies moved forward to the world, somebody took advantage of their insufficient brand protection awareness.

○ Lin Lin: How are such problems usually resolved in foreign countries?

● Alice: Some people would follow legal procedure.

○ Lin Lin: Do you mean going to the court?

● Alice: Right. However, you will have to spend much time and effort to do so, and sometimes the result is not as good as you wish.

○ Lin Lin: Are there any other methods?

● Alice: Of course there are. Some companies are willing to buy back the trademark that has been pre-registered.

○ Lin Lin: Right, the keynote speaker mentioned such an example just now.

● Alice: Yes. Goubuli, a time-honored Chinese brand handled the trademark transfer procedure from a Japanese company after negotiation.

○ Lin Lin: This is a very practical approach indeed.

● Alice: However, I think we'd better prevent such incident before it occurs.

○ Lin Lin: You are right. Enterprises must have brand protection awareness.

● Alice: Now that China has joined the WTO, Chinese enterprises also need to learn to use the international rules of competition.

○ Lin Lin: Exactly! It's very convenient to register a trademark now. Using Madrid Agreement, Chinese companies may apply for the registration of trademarks without going abroad. Once approved, the trademarks of the company may be protected in other member states mentioned in the agreement.

● Alice: Since you know the trademark act so well, I'll ask for your advice.

○ Lin Lin: I'm flattered.

● Alice: Then, how a foreign company register its trademark in China?

○ Lin Lin: You may entrust a qualified trademark agency authorized by the Chinese government to register the trademark.

● Alice: It is so convenient to have sevice like that.

○ Lin Lin: (looking at her watch) The seminar will resume soon. Let's go back.

生词 Shēngcí New Words

1. 保护	bǎohù	V	to protect
2. 主讲人	zhǔjiǎngrén	N	keynote speaker
3. 抢注	qiǎngzhù	V	to pre-register
4. 印象	yìnxiàng	N	impression
5. 深刻	shēnkè	Adj	deep
6. 趁	chèn	Prep	take advantage of
7. 际	jì		occasion
8. 钻空子	zuān kòngzi		to exploit an advantage
9. 缺乏	quēfá	V	to be short of, to lack
10. 走	zǒu	V	to go through (law proceedings)
11. 法律	fǎlǜ	N	law
12. 耗	hào	V	to consume
13. 愿意	yuànyì	V	to be willing to
14. 回购	huígòu	V	to buy back
15. 老字号	lǎozìhao	N	time-honored brand
16. 办理	bànlǐ	V	to handle
17. 出事	chū shì	V//O	to have an incident
18. 提防	dīfang	V	to be aware of
19. 加入	jiārù	V	to join
20. 注册	zhùcè	V	to register

21.	协定	xiédìng	N	agreement
22.	国门	guómén	N	border
23.	成员国	chéngyuánguó	N	member state
24.	商标法	shāngbiāofǎ	N	trademark act
25.	认可	rènkě	V	to approve

专有名词 Zhuānyǒu Míngcí **Proper Nouns**

1.	狗不理	Gǒubùlǐ	a time-honored Chinese restaurant
2.	世贸组织	Shì-Mào Zǔzhī	WTO (World Trade Organization)
	（世界贸易组织）	(Shìjiè Màoyì Zǔzhī)	
3.	《马德里协定》	《Mǎdélǐ Xiédìng》	Madrid Agreement for International Registration of Trademarks

注释 Zhùshì **Notes**

1 这件事说明，有人趁中国企业走向世界之际，钻了他们缺乏品牌意识的空子。

It means that when Chinese companies moved forward to the world, somebody took advantage of their insufficient brand protection awareness.

"趁……之际"，固定用法。"趁"，介词，表示利用（机会、时间）去做什么。"之际"，"……的时候"的意思。例如：

"趁……之际" is a fixed expression. "趁" is a preposition, meaning to use an opportunity or some time to do something. "之际" means "when". For example,

① 他趁在北京进修之际，参观了很多名胜古迹。

② 小王想趁年底（niándǐ, the end of the year）家电打折之际，买一台电视。

③ 这家房地产公司趁房价（fángjià, housing price）上涨之际，赚了不少钱。

④ 我想趁到国外旅游的机会，练练口语。

⑤ 趁还没到下班高峰（gāofēng, peak），你快回家吧。

⑥ 他趁老板没注意，悄悄（qiāoqiāo, quietly）溜（liū, to slip）出了会议室。

2 这件事说明，有人趁中国企业走向世界之际，钻了他们缺乏品牌意识的空子。
It means that when Chinese companies moved forward to the world, somebody took advantage of their insufficient brand protection awareness.

"钻空子"，习惯用语，指利用法律、管理等方面的漏洞，进行对自己有利的活动。例如：

"钻空子" is an idiom, referring to do something for oneself by taking advantage of the flaw in the law or management. For example,

① 一些不法（bùfǎ, lawless）商人常常钻法律的空子。

② 那家公司总想钻空子偷税漏税（tōu shuì lòu shuì, to evade taxes）。

③ 我们公司的财务管理很严，别有用心（bié yǒu yòngxīn, to have a ulterior motive）的人没有什么空子可钻。

3 中国的老字号"狗不理"就和日本的"狗不理"商标注册人进行了协商，办理了转让手续。 Goubuli, a time-honored Chinese brand handled the trademark transfer procedure from a Japanese company after negotiation.

"老字号"，指那些开设年代很久的传统商店。大多数商店都有一两百年或者更长的历史，出售的商品深受消费者的喜爱。

"老字号" refers to a time-honored traditional shop. Most of them have a history of 100 years, 200 years or more. Goods sold in these shops are very popular among consumers.

4 这倒是很实际的办法。This is a very practical approach indeed.

"倒是"，副词，在这里表示出乎意料。例如：

"倒是" is an adverb indicating unexpectedness in this sentence. For example,

① 对这件事我倒是第一次听说。

② 我与小王平时交往不多，倒是他在关键时刻帮助了我。

③ 以前我们一直在东部投资，你提出去西部开分公司倒是个好主意。

5 中国企业可以利用《马德里协定》，不出国门就能申请。
Using Madrid Agreement, Chinese companies may apply for the registration of trademarks without going abroad.

《马德里协定》，是《商标国际法注册马德里协定》的简称。这是一个关于简化商标在其他国家注册手续的国际协定。《马德里协定》和《商标国际注册马德里协定有关议定书》（简称《马德里议定书》）一起称为"商标国际注册马德里体系"。该体系由设在瑞士日内瓦的世界知识产权组织国际局管理。

Madrid Agreement is the abbreviation form of Madrid Agreement for International Registration of Trademarks. This is an international agreement on the simplification of trademark registration in another country. Madrid Agreement, together with Protocol Relating to the Madrid Agreement Concerning the International Registration of Marks (abbreviated as Protocol Relating to the Madrid Agreement), is known as Madrid International Trademark Registration System. This system is under the administration of World Intellectual Property Organization in Geneva of Switzerland.

《马德里协定》缔约方总数为 56 个国家,《马德里议定书》的缔约方总数为 66 个国家。《马德里协定》保护的对象是商标和服务标志。内容主要包括商标国际注册的申请、效力、续展、收费等。1989 年 10 月 4 日,中国成为该协定成员国。

A total of 56 countries signed Madrid Agreement and 66 countries signed Protocol Relating to the Madrid Agreement. The former protects the trademarks and service marks, including the application, validity, renewal and charge of the international registration of a trademark. China became one of its member states on October 4, 1989.

根据马德里体系,商标权利人只要直接向其本国或地区商标局递交国际注册申请书,就能够使其商标在马德里联盟的多个成员国获得保护。根据这一体系注册的国际商标相当于该申请人在每个指定国或组织直接进行的商标注册申请或注册。

Under Madrid Agreement, the trademark right holder can make its trademark under the protection of many member states as long as it submits the international trademark application form to the trademark office of the country or region it is located. The registered international trademark under the system is as valid as the one that the applicant registers directly in each designated state or organization.

申请得到核准后,由国际局公布,并通知申请人要求给予保护的有关成员国。经国际局注册的商标享有 20 年有效期,并且可以不限次数地续展。

After the application is approved, it will be announced by the International Bureau and the member states that the applicants ask for protection will be informed. The trademark registered at the International Bureau is valid for 20 years and may be renewed as many times as the applicant wants.

Jùjué Dàobǎn, Cóng Wǒ Zuòqǐ

拒绝盗版，从我做起

课文二 Text 2 Being the first one to say "No" to piracy

> 李明明打电话请卡尔帮忙修电脑。卡尔在路上遇到了张远，他俩一起来找李明明。

● 李明明：卡尔，你可来了！张远，你也来了。

○ 张　远：我来看你，路上碰到卡尔，就一起来了。

● 李明明：你们快帮我看看电脑吧，我正赶论文呢。

○ 卡　尔：别急，别急。怎么回事儿？

● 李明明：一开机就死机！

○ 卡　尔：可能有病毒了。

● 张　远：你的软件不会是盗版的吧？

○ 李明明：我也不清楚，朋友送的。你们看……

（李明明把几张软件光盘递给卡尔。）

168

● 卡　尔：印刷得这么糟糕！这明摆着是盗版的。

○ 李明明：朋友送的，我也没多想，就用了。谁知道会这样！

● 张　远：你用盗版软件，当然会出问题。以后别不管三七二十一，拿了就用。

○ 李明明：吃一堑，长一智。我再也不敢了。

● 卡　尔：我带了正版的，重新安装一下系统就行了。

○ 李明明：拜托，拜托！

（卡尔一边修电脑，一边和他们聊天儿。）

● 卡　尔：有人用盗版软件，还是图便宜。

○ 张　远：看来知识产权的问题不是那么容易解决的。

● 卡　尔：最近我常常看维护知识产权的新闻报道。

○ 张　远：你也可以上网看。我知道有一个中英文的官方网站——"中国保护知识产权网"。

● 李明明：对了，我听说还有保护知识产权的举报、投诉电话，是多少来着？

○ 张　远：12312，全国统一的，2006年就开通了。

● 卡　尔：看来中国政府打击盗版的决心很大呀。

○ 张　远：不过，我觉得要想保护知识产权，最重要的还是我们消费者养成不用盗版产品的习惯。

● 卡　尔：谁说不是呢？

○ 张　远：对了，4月26日是"世界知识产权日"，工人剧场有个"拒绝盗版，从我做起"的文艺晚会。咱们一起去吧！

● 卡　尔：好，肯定有很多明星。明明，电脑好了！重启一下就行了。

○ 李明明：太好了！

Lǐ Míngming dǎ diànhuà qǐng Kǎ'ěr bāngmáng xiū diànnǎo. Kǎ'ěr zài lùshang yùdàole Zhāng Yuǎn, tā liǎ yìqǐ lái zhǎo Lǐ Míngming.

● Lǐ Míngming: Kǎ'ěr, nǐ kě lái le! Zhāng Yuǎn, nǐ yě lái le.

○ Zhāng Yuǎn: Wǒ lái kàn nǐ, lùshang pèngdào Kǎ'ěr, jiù yìqǐ lái le.

● Lǐ Míngming: Nǐmen kuài bāng wǒ kànkan diànnǎo ba, wǒ zhèng gǎn lùnwén ne.

○ Kǎ'ěr: Bié jí, bié jí. Zěnme huí shìr?

● Lǐ Míngming: Yì kāi jī jiù sǐjī!

○ Kǎ'ěr: Kěnéng yǒu bìngdú le.

● Zhāng Yuǎn: Nǐ de ruǎnjiàn bú huì shì dàobǎn de ba?

○ Lǐ Míngming: Wǒ yě bù qīngchu, péngyou sòng de. Nǐmen kàn······

(Lǐ Míngming bǎ jǐ zhāng ruǎnjiàn guāngpán dì gěi Kǎ'ěr.)

● Kǎ'ěr: Yìnshuā de zhème zāogāo! Zhè míngbǎizhe shì dàobǎn de.

○ Lǐ Míngming: Péngyou sòng de, wǒ yě méi duō xiǎng, jiù yòng le. Shéi zhīdào huì zhèyàng!

● Zhāng Yuǎn: Nǐ yòng dàobǎn ruǎnjiàn, dāngrán huì chū wèntí. Yǐhòu bié bùguǎn sān qī èrshíyī, nále jiù yòng.

○ Lǐ Míngming: Chī yí qiàn, zhǎng yí zhì. Wǒ zài yě bù gǎn le.

● Kǎ'ěr: Wǒ dàile zhèngbǎn de, chóngxīn ānzhuāng yíxià xìtǒng jiù xíng le.

○ Lǐ Míngming: Bàituō, bàituō!

(Kǎ'ěr yìbiān xiū diànnǎo, yìbiān hé tāmen liáotiānr.)

● Kǎ'ěr: Yǒu rén yòng dàobǎn ruǎnjiàn, háishi tú piányi.

○ Zhāng Yuǎn: Kànlái zhīshi chǎnquán de wèntí bú shì nàme róngyì jiějué de.

● Kǎ'ěr: Zuìjìn wǒ chángcháng kàn wéihù zhīshi chǎnquán de xīnwén bàodào.

○ Zhāng Yuǎn: Nǐ yě kěyǐ shàngwǎng kàn. Wǒ zhīdao yǒu yí ge Zhōng-Yīngwén de guānfāng wǎngzhàn—— "Zhōngguó Bǎohù Zhīshi Chǎnquán Wǎng".

● Lǐ Míngming: Duì le, wǒ tīngshuō hái yǒu bǎohù zhīshi chǎnquán de jǔbào, tóusù diànhuà, shì duōshao láizhe?

○ Zhāng Yuǎn: Yāo èr sān yāo èr, quánguó tǒngyī de, èr líng líng liù nián jiù kāitōng le.

● Kǎ'ěr: Kànlái Zhōngguó zhèngfǔ dǎjī dàobǎn de juéxīn hěn dà ya.

○ Zhāng Yuǎn: Búguò, wǒ juéde yào xiǎng bǎohù zhīshi chǎnquán, zuì zhòngyào de háishi wǒmen xiāofèizhě yǎngchéng bú yòng dàobǎn chǎnpǐn de xíguàn.

● Kǎ'ěr: Shéi shuō bú shì ne?

○ Zhāng Yuǎn: Duì le, sìyuè èrshíliù rì shì "Shìjiè Zhīshi Chǎnquán Rì", Gōngrén Jùchǎng yǒu ge "Jùjué dàobǎn, cóng wǒ zuòqǐ" de wényì wǎnhuì. Zánmen yìqǐ qù ba!

● Kǎ'ěr: Hǎo, kěndìng yǒu hěn duō míngxīng. Míngming, diànnǎo hǎo le! Chóngqǐ yíxià jiù xíng le.

○ Lǐ Míngming: Tài hǎo le!

※ · ※

Li Mingming called Karl asking to fix her computer. Karl met Zhang Yuan on his way and came to see Li Mingming with Zhang.

● Li Mingming: Karl, here you come at last! So do you, Zhang Yuan!

○ Zhang Yuan: I met Karl on my way, so we came together.

● Li Mingming: Please check out what problem my computer has. I am busy with my thesis.

○ Karl: Don't worry. What's the matter?

● Li Mingming: The system failed whenever I started the computer.

○ Karl: Maybe it has got a virus.

● Zhang Yuan: The software you use is not a pirated product, is it?

○ Li Mingming: I don't know. A friend gave it to me. Here it is.

(Li Mingming passes some disks to Karl.)

● Karl: It's so terribly printed. Obviously it is pirated.

○ Li Mingming: One of my friends gave it to me and I used it without a second thought. Who knows it turns out to be like that!

● Zhang Yuan: You will surely go into trouble if you use the pirated software. Think twice before you use it next time!

○ Li Mingming: It's taught me a lesson. I will not do it again.

● Karl: I brought the genuine version. All we need to do is just to re-install it.

○ Li Mingming: Please!

(Karl is chatting with them while fixing the computer.)

● Karl: Some people use pirated software because it is inexpensive.

○ Zhang Yuan: It seems the issue of intellectual property rights is not so easy to solve.

● Karl: Recently, I often read news reports about the protection of intellectual property rights.

○ Zhang Yuan: You may surf the Internet as well. I know an official website, "Intellectual Property Protection in China" (www.ipr.gov.cn), in both Chinese and English.

● Li Mingming: By the way, I was told we have a hotline for the complaints about intellectual property issues, what is its number?

○ Zhang Yuan: 12312. You can use the number to make a call in any place of the country. It was put into operation in 2006.

● Karl: It looks like that the Chinese government has great determination to crack down piracy.

○ Zhang Yuan: But I feel, as a consumer, the most important thing is that we should get used to saying "No" to pirated products.

● Karl: I can't agree more.

○ Zhang Yuan: By the way, the World Intellectual Property Day falls on April 26. A show on the theme of "Being the first one to say 'No' to piracy" will be on Workers' Theater. Let's go for it.

● Karl: OK. It will surely bring together a lot of stars. Mingming, your computer is all right. Please just restart it.

○ Li Mingming: That's great!

生词　Shēngcí　New Words

1. 盗版	dàobǎn	N	piracy
2. 赶	gǎn	V	to be busy with, to hurry through
3. 论文	lùnwén	N	thesis
4. 死机	sǐjī	V	(computer) to crash
5. 病毒	bìngdú	N	virus

6. 印刷	yìnshuā	V	to print
7. 糟糕	zāogāo	Adj	too bad
8. 明摆着	míngbǎizhe	V	to be obvious
9. 不管三七二十一	bùguǎn sān qī èrshíyī		regardless of the consequences, recklessly
10. 吃一堑，长一智	chī yí qiàn, zhǎng yí zhì		a fall into the pit, a gain in the wit; experience is the mother of wisdom
11. 敢	gǎn	V	to dare
12. 正版	zhèngbǎn	N	genuine copy
13. 安装	ānzhuāng	V	to install
14. 系统	xìtǒng	N	system
15. 图	tú	V	to pursue
16. 知识产权	zhīshi chǎnquán		intellectual property
17. 维护	wéihù	V	to safeguard, to protect
18. 报道	bàodào	N	report
19. 举报	jǔbào	V	to inform against
20. 投诉	tóusù	V	to complain
21. 来着	láizhe	Pt	*used at the end of an affirmative sentence or a special question, indicating a past action or state*
22. 统一	tǒngyī	Adj	unified
23. 开通	kāitōng	V	to put into operation
24. 打击	dǎjī	V	to hit, to attack, to crack down
25. 决心	juéxīn	N	determination
26. 养成	yǎngchéng	V	to get into (a habit)
27. 文艺	wényì	N	art and literature, recreation
28. 晚会	wǎnhuì	N	evening party

| 29. 明星 | míngxīng | N | star |
| 30. 重启 | chóngqǐ | V | to restart (a computer) |

专有名词 Zhuānyǒu Míngcí **Proper Nouns**

1. 中国保护知识产权网	Zhōngguó Bǎohù Zhīshi Chǎnquán Wǎng	name of an official website
2. 世界知识产权日	Shìjiè Zhīshi Chǎnquán Rì	the World Intellectual Property Day
3. 工人剧场	Gōngrén Jùchǎng	name of a theater

注释 Zhùshì **Notes**

1 这明摆着是盗版的。 Obviously it is pirated.

"明摆着",动词,表示事情的性质、结果都很清楚,明显地摆在眼前,可以很容易地观察判断出来。"明摆着"前面可以没有主语,后面可以带宾语。例如:

"明摆着" is a verb indicating the characteristics and result of something is very clear and can be easily recognized. The subject can be omitted before "明摆着", and it can be followed by an object. For example,

① 明摆着是你不对。

② 明摆着是小王的失职(shī zhí, to neglect one's duty),可老板没有批评(pīpíng, to criticize)他。

③ 这事明摆着只能这么做。

2 谁知道会这样! Who knows it turns out to be like that!

"谁知道",这里是用反问的语气表示没有人能想到,强调没料到某事会发生,多指不如意的事情。例如:

"谁知道" is a rhetorical question indicating that no one can think of it. It stresses that something unexpected, especially an unhappy one happens. For example,

① 今天去超市,谁知道忘了带钱包!

② 谁知道你不吃辣的？如果早知道就不放辣椒了。

③ 谁知道小张是这样的人？言而无信（yán ér wú xìn, not to keep one's word）！

3 以后别**不管三七二十一**，拿了就用。**Think twice before you use it next time!**

"不管三七二十一"，习惯用语，表示做事情不问是非原因，不顾一切。常常用来形容由于激动或别的原因而做出不太理智的事情。例如：

"不管三七二十一" is an idiom, indicating doing something regardless of the consequences. It is often used to describe doing something irrational because one is excited or some other reasons. For example,

① 看到有人落水（luò shuǐ, to fall into water），他不管三七二十一，立即跳到水里救人。

② 虽然知道油炸食品（yóuzhá shípǐn, deep-fried food）不健康，但我太饿了，所以不管三七二十一，先吃饱再说。

③ 小孩子常常不管三七二十一，别人给什么就吃什么。

4 是多少**来着**？ **What is its number?**

"来着"，助词，表示曾发生过什么事情。用在口语中。例如：

"来着" is a particle indicating that something once happened in the past. It is often used in spoken Chinese. For example,

① 你刚才说什么来着？

② 他昨天还参观我们公司来着。

③ 还记得老师怎么解释这个语法来着？

5 谁说不是呢？ **I can't agree more.**

"谁说不是呢"，习惯用语，表示非常赞同对方的说法。例如：

"谁说不是呢" is an idiom indicating strong agreement with the other party. For example,

①A：今天的天气真好。

B：谁说不是呢？我正想去公园散散步呢。

②A：现在找工作真不容易。

B：谁说不是呢？学历、能力、关系，一个都不能少。

③A：小王很有经济头脑。

B：谁说不是呢？他既会做生意，又会理财（lǐ cái, to manage money matters）。

6 工人剧场有个"**拒绝盗版，从我做起**"的文艺晚会。

A show on the theme of "Being the first one to say 'No' to piracy" will be on Workers' Theater.

"从……做起"，表示希望每个人都从什么人或什么方面开始做某事。常用在一些宣传口号中。例如：

The sentence pattern "从……做起" is often used in some slogans, expressing the hope of becoming or letting somebody become the first one to do something. For example,

① 全民健身，从孩子做起。

② 保护野生（yěshēng, wild）动物（dòngwù, animal），从我们做起。

③ 低碳（dītàn, low-carbon）生活，从每个人做起。

练习 Liànxí **Exercises**

一 跟读生词，注意发音和声调。
Read the new words after the teacher and pay attention to your pronunciation and tones.

二 跟读课文，注意语音语调。
Read the texts after the teacher and pay attention to your pronunciation and intonation.

三 学生分组，分角色朗读课文一、二。
Divide the students into groups and read Texts 1 & 2 in roles.

四 学生分组，不看书，分角色表演课文一、二。
Divide the students into groups and play the roles in Texts 1 & 2 without referring to the book.

五 角色扮演。（提示：角色可以互换。）
Role playing. (Note: the roles can be exchanged.)

1. 指定一名学生主持会议，其他学生分成A、B两组。假设一家公司的商标被抢注了，模拟召开一个董事会，商量如何处理这件事。A组同意回购被抢注的商标，B组同意走法律程序。双方提出各自的理由，最后大家举手表决使用哪种办法。

   Ask a student to preside over the meeting and divide other students into Group A and Group B. Suppose the trademark of the company was pre-registered, and a simulated boarding meeting is being held to discuss how to deal with it. Group A agrees to buy back the pre-registered trademark, while Group B is in favor of following the legal procedure. Each group explains its opinions. Finally everybody puts up their hands to vote which method they will use.

   提示词语：Hints:

   品牌　保护　抢注　钻空子　打官司　走法律程序　理想　实际　协商
   回购　耗时　耗力　办理　手续　提防

2. 四人一组，假设学生A买了盗版软件，其他三个学生B、C、D分别发表自己的看法。可以谈论这件事对自己、对软件公司、对保护知识产权分别有什么影响。

   Work in groups of four. Suppose Student A bought a pirated software and the other three students express their opinions on this incident. Discuss how it affects the buyer himself, the software and the intellectual property right protection.

六 复述课文一和课文二。
Retell Texts 1 & 2.

七 替换练习。
Substitution drills.

① 特别是 中国知名品牌被抢注的事， 对我来说， 印象太深刻了。

如何提高口语水平	太重要了
要经常加班	太不方便了
去国外考察的事	很新鲜

② 有人 趁 中国企业走向世界 之际， 钻了他们缺乏品牌意识的空子。

我	去上海旅游	买了很多特产（tèchǎn, speciality）
卡尔	去中国人家里做客	练习汉语口语
王先生	公司召开董事会	提了很多建议

③ 这倒是 很实际的办法。

一次能让我们的产品打入中国市场的合作
提高听力水平的好方法
进入大公司工作的好机会

④ 你的软件 不会是 盗版的 吧？

他	新来的市场部经理
老板	想开除我
那家公司	要倒闭了

⑤ 印刷得这么糟糕， 这明摆着是 盗版的。

他送你那么多礼物	喜欢你
今天小王又出错了	不负责任
报价单（bàojiàdān, quotation）出问题了	销售部的错误（cuòwù, mistake）

⑥ 保护知识产权，__最重要的还是__ 消费者养成不用盗版产品的习惯。

学好汉语	先了解中国的情况
在中国开公司	作好市场调查
做生意	要有本钱（běnqián, capital）

八 用下面的词语组成句子。
Make sentences with the following words and expressions.

课文一

① 解决　会　呢　怎么　通常　在国外　这种问题

② 会　法律　走　程序　有些人

③ 被抢注　有些企业　回购　愿意　的　花钱　已经　商标

④ 就得　我觉得　在　没　之前　提防　出事

⑤ 中国　竞争　企业　学会　也要　国际　运用　规则

⑥ 懂　嘛　很　看来　商标法　你

⑦ 在中国　外企　办理　商标注册　应该　呢　怎么

课文二

① 快　吧　看看　我　你们　电脑　帮

② 你　盗版软件　用　当然　问题　会　出

③ 重新　了　就　一下　系统　行　安装

④ 的　问题　不是　看来　知识产权　解决　的　那么　容易

⑤ 我　报道　常常　知识产权　的　新闻　看　维护　最近

⑥ 电话　我　听说　保护知识产权的　还有　举报　投诉

⑦ 打击　看来　中国政府　的　决心　很大　盗版　呀

九　完成句子。
Complete the sentences.

① _____，小王提前下班了。（趁）

② _____，我们才付佣金。（通常）

③ 他们只去这家饭馆吃饭，是 _____。（图）

④ 上次放假，他 _____。（来着）

⑤ 孩子从小就要 _____。（养成）

十　根据课文内容填空。
Fill in the blanks according to the texts.

课文一

林　琳：中国知名品牌在海外被_____的事，对我来说，印象太深刻
了。

康爱丽：这件事说明，有人_____中国企业走向世界之_____，钻
了他们_____品牌意识的空子。

林　琳：那在国外通常会怎么解决这种问题呢？

康爱丽：有些人会走法律_____。

林　琳：你是说要_____吗？

康爱丽：对。不过，这种方法比较_____时_____力，有时结果也
不一定_____。

林　琳：那还有其他方法吗？

康爱丽：当然有，有些企业愿意花钱_____已经被抢注的商标。

林　琳：对了，刚才主讲人就提到了一个这样的例子。

康爱丽：是。中国的老字号"狗不理"就和日本的"狗不理"商标注册人进
　　　　行了协商，办理了＿＿＿＿＿手续。

林　琳：这倒是很＿＿＿＿＿的办法。

康爱丽：不过，我觉得在没出事之前就得＿＿＿＿＿。

课文二

张　远：你用＿＿＿＿＿软件，当然会出问题。以后别＿＿＿＿＿＿＿，拿
　　　　了就用。

李明明：＿＿＿＿＿，＿＿＿＿＿。我再也不敢了。

卡　尔：我带了正版的，重新＿＿＿＿＿一下系统就行了。

李明明：拜托，拜托！

卡　尔：有人用盗版软件，还是＿＿＿＿＿便宜。

张　远：看来＿＿＿＿＿的问题不是那么容易解决的。

卡　尔：最近我常常看＿＿＿＿＿知识产权的新闻报道。

张　远：你也可以上网看。我知道有一个中英文的＿＿＿＿＿——"中国保护
　　　　知识产权网"。

李明明：对了，我听说还有保护知识产权的＿＿＿＿＿、投诉电话，是多少
　　　　来着？

张　远：12312，全国统一的，2006年就＿＿＿＿＿了。

十一　阅读理解。
Reading comprehension.

　　盗版产品在市场上的存在，与人们的消费心理有一定的关系。买盗版
还是买正版，不同的人有不同的选择。

　　就拿爱好音乐的人来说，因为喜欢听音乐，所以会经常购买音乐制
品。有的音乐爱好者一定要买正版的，因为这关系到好不好听，听盗版的
通常都没有理想的效果，而且印刷极其糟糕，不值得收藏。

　　也有一些消费者明明知道应该支持正版，拒绝盗版，但是在购买的时
候，因为图便宜，还是会选择购买盗版音乐制品。他们觉得，因为便宜，
一次可以买很多，不好听的话，扔掉也不心疼，损失不大。其实这样做还
是有损失的，一是听不了多久就扔掉，扔多了就不划算了；二是影响了欣
赏的效果，因为真正的好音乐是要慢慢品味的。

如果大家都买正版的音乐制品，不仅可以自己好好儿欣赏，而且对整个音乐市场也有好处。音乐创作和销售是密不可分的，只有保证足够的收入，音乐人创作出来的精品才会越来越多。消费者对正版与盗版的选择，无疑影响着音乐创作的前景。

培养良好的消费心理对打击盗版非常重要。随着人们保护知识产权意识的增强，盗版的现象肯定会逐渐消失。

生词 Shēngcí **New Words**

1. 制品	zhìpǐn	N	product
2. 收藏	shōucáng	V	to collect, to store up
3. 明明	míngmíng	Adv	obviously, undoubtedly
4. 扔	rēng	V	to throw away
5. 心疼	xīnténg	V	to feel sorry
6. 其实	qíshí	Adv	actually, in fact
7. 品味	pǐnwèi	V	to taste, to savour
8. 创作	chuàngzuò	V	to create, to produce
9. 足够	zúgòu	Adj	enough
10. 精品	jīngpǐn	N	quality goods
11. 无疑	wúyí	V	to be undoubted
12. 前景	qiánjǐng	N	prospect
13. 培养	péiyǎng	V	to foster, to develop
14. 增强	zēngqiáng	V	to strengthen, to enhance
15. 现象	xiànxiàng	N	phenomenon
16. 逐渐	zhújiàn	Adv	gradually
17. 消失	xiāoshī	V	to disappear, to vanish

判断正误：

Decide whether the following statements are true (T) or false (F):

① 有人买正版音乐制品只是因为印刷得很好。　　　　　　（　　）

② 盗版产品很便宜，所以买多了也不会有什么损失。　　（　　）

③ 盗版音乐制品一般都不值得收藏。　　　　　　　　（　　）

④ 如果大家都买盗版音乐制品，对整个市场会有好处。（　　）

⑤ 本文主要告诉我们怎样挑选音乐制品。　　　　　　（　　）

十二 完成任务。
Complete the tasks.

1. 查找资料，看看你们国家是不是《马德里协定》的成员国，然后在课堂上介绍外资公司在你们国家如何注册商标。可以几个人一组，也可以单独完成。
   Search the information and find out whether your motherland is a member state of Madrid Agreement, then introduce how a foreign company registers a trademark in your motherland. You can work in a group or do it independently.

2. 上网查找一条"打击盗版"的新闻，记录下来，到课堂上与老师和同学交流。
   Search an online news about cracking down on piracy. Write it down and communicate with your teacher and classmates in class.

第八单元
UNIT

新贸易保护主义
New trade protectionism

课文 Text	题目 Title	注释 Notes
一	遭遇反倾销是不可避免的 Encountering anti-dumping is inevitable	1. 名词解释："非市场经济国家" Explanation of the noun "非市场经济国家" 2. 名词解释："市场经济地位" Explanation of the noun "市场经济地位"
二	技术性贸易壁垒 Technical trade barriers	1. 副词"光"　The adverb "光" 2. 疑问代词"什么"表示列举不尽 The interrogative pronoun "什么" indicating enumeration 3. 介词"拿"　The preposition "拿"

1

Zāoyù Fǎnqīngxiāo Shì Bùkě Bìmiǎn de

遭遇反倾销是不可避免的

课文一 Text 1　Encountering anti-dumping is inevitable

> 张远请康爱丽、卡尔和李明明参加由他主持的小型研讨会。

● 张　远：下午好！欢迎大家来参加研讨会。下面我来介绍一下，这两位是我的外国朋友——康爱丽女士和卡尔先生，这位是05级国际贸易专业的李明明同学。我们的研讨会现在开始。请先看案例：

2009年上半年，中国外贸产业和企业已经遭遇了来自15个国家和地区的60起各类"贸易救济调查"举措，涉及金额达82.67亿美元。

2008年，中国遭遇反倾销调查73起，占全球案件总数的35%。中国已连续14年成为遭遇反倾销最多的成员。反倾销调查涉及中国鞋业、零部件、纺织品等多个行业。

……

（看完案例。）

○ 张　远：**请大家说说自己的看法。**

（讨论很激烈，卡尔、康爱丽和李明明也加入了同学们的讨论，说了自己的看法。）

● 卡　尔：不只是中国企业遭到了反倾销调查，不同国家、不同行业都遭到过反倾销的指控。

○ 李明明：可是中国出口欧美市场的轻工业产品、纺织品及电子产品等商品遭受反倾销指控的最多。

● 康爱丽：你们注意到了吗？这些大多是劳动密集型、低附加值的商品。

○ 卡　尔：中国屡遭反倾销指控就是因为出口了大量"物美价廉"的商品。

● 李明明：什么意思？

○ 康爱丽：反倾销是进口国保护本国产业的最佳办法。

● 卡　尔：它可以合法、有效地排斥国外产品的进口。

○ 康爱丽：还容易实施，也不容易招来报复。

● 李明明：看来遭遇反倾销是不可避免的。

○ 康爱丽：还有一个重要原因，那就是一部分国家对中国"非市场经济国家"的认定。

● 李明明：这种歧视性的做法、不公正的待遇，让中国成为国际反倾销的最大受害国。

○ 张　远：好，咱们进入下一个议题：面对反倾销，我们应该怎么办？

● 康爱丽：多了解进口国的法律。

○ 卡　尔：我认为企业应该积极应诉。

● 李明明：中国要完善"前应诉"机制。

○ 康爱丽：应该争取让更多的国家承认中国的市场经济地位。

● 卡 尔：企业要改变"薄利多销"的营销战略。

○ 张 远：今天我们讨论了反倾销涉及的行业、中国屡遭反倾销指控的原因，以及面对反倾销可以采取的措施，大家讨论得非常热烈。本次研讨会到此结束。

Zhāng Yuǎn qǐng Kāng Àilì、Kǎ'ěr hé Lǐ Míngming cānjiā yóu tā zhǔchí de xiǎoxíng yántǎohuì.

● Zhāng Yuǎn: Xiàwǔ hǎo! Huānyíng dàjiā lái cānjiā yántǎohuì. Xiàmiàn wǒ lái jièshào yíxià, zhè liǎng wèi shì wǒ de wàiguó péngyou——Kāng Àilì nǚshì hé Kǎ'ěr xiānsheng, zhè wèi shì líng wǔ jí guójì màoyì zhuānyè de Lǐ Míngming tóngxué. Wǒmen de yántǎohuì xiànzài kāishǐ. Qǐng xiān kàn ànlì:

Èr líng líng jiǔ nián shàng bàn nián, Zhōngguó wàimào chǎnyè hé qǐyè yǐjīng zāoyùle lái zì shíwǔ ge guójiā hé dìqū de liùshí qǐ gè lèi "màoyì jiùjì diàochá" jǔcuò, shèjí jīn'é dá bāshí'èr diǎn liù qī yì měiyuán.

Èr líng líng bā nián, Zhōngguó zāoyù fǎnqīngxiāo diàochá qīshísān qǐ, zhàn quánqiú ànjiàn zǒngshù de bǎi fēnzhī sānshíwǔ. Zhōngguó yǐ liánxù shísì nián chéngwéi zāoyù fǎnqīngxiāo zuì duō de chéngyuán. Fǎnqīngxiāo diàochá shèjí Zhōngguó xiéyè、língbùjiàn、fǎngzhīpǐn děng duō ge hángyè.

……

(Kànwán ànlì.)

○ Zhāng Yuǎn: Qǐng dàjiā shuōshuo zìjǐ de kànfǎ.

(Tǎolùn hěn jīliè, Kǎ'ěr、Kāng Àilì hé Lǐ Míngming yě jiārùle tóngxuémen de tǎolùn, shuōle zìjǐ de kànfǎ.)

● Kǎ'ěr: Bù zhǐshì Zhōngguó qǐyè zāodàole fǎnqīngxiāo diàochá, bù tóng guójiā、bù tóng hángyè dōu zāodàoguo fǎnqīngxiāo de zhǐkòng.

O Lǐ Míngming: Kěshì Zhōngguó chūkǒu Ōu-Měi shìchǎng de qīnggōngyè chǎnpǐn、fǎngzhīpǐn jí diànzǐ chǎnpǐn děng shāngpǐn zāoshòu fǎnqīngxiāo zhǐkòng de zuì duō.

● Kāng Àilì: Nǐmen zhùyì dào le ma? Zhèxiē dàduō shì láodòng mìjíxíng、dī fùjiāzhí de shāngpǐn.

O Kǎ'ěr: Zhōngguó lǚ zāo fǎnqīngxiāo zhǐkòng jiùshì yīnwèi chūkǒule dàliàng "wù měi jià lián" de shāngpǐn.

● Lǐ Míngming: Shénme yìsi?

O Kāng Àilì: Fǎnqīngxiāo shì jìnkǒuguó bǎohù běn guó chǎnyè de zuì jiā bànfǎ.

● Kǎ'ěr: Tā kěyǐ héfǎ、yǒuxiào de páichì guówài chǎnpǐn de jìnkǒu.

O Kāng Àilì: Hái róngyì shíshī、yě bù róngyì zhāolái bàofù.

● Lǐ Míngming: Kànlái zāoyù fǎnqīngxiāo shì bùkě bìmiǎn de.

O Kāng Àilì: Hái yǒu yí ge zhòngyào yuányīn, nà jiùshì yí bùfen guójiā duì Zhōngguó "fēi shìchǎng jīngjì guójiā" de rèndìng.

● Lǐ Míngming: Zhè zhǒng qíshìxìng de zuòfǎ、bù gōngzhèng de dàiyù, ràng Zhōngguó chéngwéi guójì fǎnqīngxiāo de zuì dà shòuhàiguó.

O Zhāng Yuǎn: Hǎo, zánmen jìnrù xià yí ge yìtí: Miànduì fǎnqīngxiāo, wǒmen yīnggāi zěnme bàn?

● Kāng Àilì: Duō liǎojiě jìnkǒuguó de fǎlǜ.

O Kǎ'ěr: Wǒ rènwéi qǐyè yīnggāi jījí yìngsù.

● Lǐ Míngming: Zhōngguó yào wánshàn "qiányìngsù" jīzhì.

O Kāng Àilì: Yīnggāi zhēngqǔ ràng gèng duō de guójiā chéngrèn Zhōngguó de shìchǎng jīngjì dìwèi.

● Kǎ'ěr: Qǐyè yào gǎibiàn "bó lì duō xiāo" de yíngxiāo zhànlüè.

O Zhāng Yuǎn: Jīntiān wǒmen tǎolùnle fǎnqīngxiāo shèjí de hángyè、Zhōngguó lǚ zāo fǎnqīngxiāo zhǐkòng de yuányīn, yǐjí miànduì fǎnqīngxiāo kěyǐ cǎiqǔ de cuòshī, dàjiā tǎolùn de fēicháng rèliè. Běn cì yántǎohuì dào cǐ jiéshù.

❈·❈

Zhang Yuan has invited Alice, Karl and Li Mingming to a small seminar he presides over.

● Zhang Yuan: Good afternoon! Welcome to the seminar! I'm pleased to introduce Ms. Alice Clement and Mr. Karl Hofmann, two foreign friends, and Li Mingming, a student majoring in International Trade from Grade 05. Now our seminar begins. Please read the case first:

By the end of the first half of 2009, China's foreign trade industry and enterprises have been under 60 "trade relief surveys" from 15 countries or regions, involving 8, 267 billion US dollars.

In 2008, China was under 73 anti-dumping investigations, accounting for 35% of the cases around the world. China has become the one that encounters the largest number of anti-dumping investigations for 14 consecutive years, involving Chinese industries like footwear, spare parts, textile, etc.

…

(After reading the case)

○ Zhang Yuan: Please speak your mind.

(A hot discussion is going on. Karl, Alice and Li Mingming also join the discussion and give their opinions.)

● Karl: Not only have Chinese enterprises been subjected to anti-dumping investigations, various industries in different countries have also been subjected to anti-dumping charges.

○ Li Mingming: However, China's light industrial, textile and electronic products exported to European and the U.S. market have been under anti-dumping charges the most.

● Alice: Have you noticed it? Most of the products are labor-intensive, low value-added ones.

○ Karl: China has been under the anti-dumping charge one after another because it exported a large number of quality goods with reasonable price.

● Li Mingming: What do you mean?

○ Alice: Anti-dumping is the best way for an importing country to protect domestic industries.

● Karl: It can legally and effectively exclude the products imported from another country.

○ Alice: It is easy to implement and is not easy to provoke retaliation.

- Li Mingming: It seems that encountering anti-dumping is inevitable.

○ Alice: Another important reason is that some countries deem China a "non-market economy".

- Li Mingming: Under such discriminatory practices and unfair treatment, China has become the biggest victim of the international anti-dumping actions.

○ Zhang Yuan: Well, let's move on to the next topic. What shall we do when we face anti-dumping?

- Alice: Learn more about the laws in the importing countries.

○ Karl: I think that the enterprise should take an active response against the charge.

- Li Mingming: China should improve its "pre-response" mechanism.

○ Alice: Efforts are needed to make more countries recognize China's market economy status.

- Karl: The marketing strategy of "getting small profit but quick turnover" need to be changed.

○ Zhang Yuan: Today, we discussed what industries are involved in anti-dumping, why China is frequently under the charge of anti-dumping, and what measures we should take when facing anti-dumping. We had a hot discussion. That's all for today.

生词 Shēngcí New Words

1. 主义	zhǔyì	N	doctrine, -ism
2. 遭遇	zāoyù	V	to encounter
3. 反倾销	fǎnqīngxiāo	V	to take anti-dumping actions
4. 女士	nǚshì	N	lady
5. 先生	xiānsheng	N	gentleman, sir
6. 起	qǐ	M	*a measure word*
7. 救济	jiùjì	V	to succor, to relieve
8. 举措	jǔcuò	N	move, act, measure

9. 涉及	shèjí	V	to involve
10. 亿	yì	Nu	a hundred million
11. 全球	quánqiú	N	the whole world
12. 案件	ànjiàn	N	law case
13. 总数	zǒngshù	N	total amount
14. 成员	chéngyuán	N	member
15. 零部件	líng-bùjiàn		parts and components
16. 纺织品	fǎngzhīpǐn	N	textile
17. 看法	kànfǎ	N	opinion
18. 遭到	zāodào	V	to encounter
19. 指控	zhǐkòng	V	to accuse, to charge
20. 轻工业	qīnggōngyè	N	light industry
21. 遭受	zāoshòu	V	to suffer from
22. 大多	dàduō	Adv	mostly
23. 劳动密集型	láodòng mìjíxíng		labor-intensive
24. 附加值	fùjiāzhí	N	value-added
25. 屡	lǚ	Adv	repeatedly, frequently
26. 佳	jiā	Adj	good, fine
27. 排斥	páichì	V	to exclude
28. 招	zhāo	V	to attract, to cause
29. 报复	bàofù	V	to revenge, to retaliate
30. 认定	rèndìng	V	to identify, to deem
31. 歧视	qíshì	V	to discriminate
32. 做法	zuòfǎ	N	practice
33. 公正	gōngzhèng	Adj	fair
34. 受害	shòu hài	V//O	to suffer from

35. 面对	miànduì	V	to face, to confront
36. 应诉	yìng sù	V//O	to respond to a charge
37. 完善	wánshàn	V	to improve, to perfect
38. 机制	jīzhì	N	mechanism
39. 热烈	rèliè	Adj	hot

专有名词 Zhuānyǒu Míngcí **Proper Noun**

欧美	Ōu-Měi	Europe and America

注释 Zhùshì **Notes**

1 **还有一个重要原因，那就是一部分国家对中国"非市场经济国家"的认定。**
Another important reason is that some countries deem China a "non-market economy".

按照一个国家市场经济在全国经济中的重要性，以及国家政府对经济的干预程度，一般可区分为"完全市场经济国家"和"非市场经济国家"。加入 WTO 以后，虽然中国在建立市场经济体制方面取得了重要进展，但是，包括美国、欧盟成员国在内的一些西方国家至今仍没有正式承认中国为市场经济国家。

Countries are generally divided into "complete market economy" and "non-market economy" according to the importance of market economy in a country's economy and the government's interference in economy. Although China has made significant progress in the establishment of market economy after joining WTO, even today, its market economy status is still not recognized by some Western countries, including the United States and some member states of European Union.

2 **应该争取让更多的国家承认中国的市场经济地位。**
Efforts are needed to make more countries recognize China's market economy status.

"市场经济地位"，经济学名词。表示一个国家市场经济的状况。市场经济地位是反倾销调查确定倾销幅度时使用的一个重要概念。加入 WTO 后，中国政府一直努力争取国际贸易各国承认中国的完全市场经济地位，获得市场经济地位将有利于中国的进出口发展。

Market economy status is an economic term indicating the situation of a country's market economy. It is an important concept in the anti-dumping investigation to determine dumping margins. After joining WTO, Chinese government has always been trying to gain the recognition from the countries in the international trade because the recognition will promote China's import and export development.

Jìshùxìng Màoyì Bìlěi
技术性贸易壁垒
课文二 Text 2　Technical trade barriers

> 研讨结束后，张远、李明明、卡尔、康爱丽在茶馆边喝茶边聊天儿。

● 李明明：张远，你今天光主持讨论了，也说说你自己的看法吧。

○ 张　远：反倾销本来是一种贸易保护措施，是世界贸易组织认定和许可的。

● 卡　尔：对，是用来对付非公平竞争的必要工具。

○ 张　远：它是可以制止倾销，但是，唉……

● 卡　尔：你想说什么？

○ 张　远：在国际竞争中，它有可能被滥用，成为另一种非关税壁垒。

● 康爱丽：说到非关税壁垒，它的主要表现形式是技术性贸易壁垒。

○ 张　远：目的都是限制进口。

● 康爱丽：这些都已经成为新贸易保护主义的主要手段了。

○ 李明明：那它一般在哪些方面设置贸易障碍呢？

● 张　远：技术指标、卫生检疫、商品包装和标签等。

○ 李明明：商品进口国会怎么做？

● 康爱丽：制定技术法规、技术标准及合格评定程序。

○ 张　远：技术性壁垒涉及的范围不仅是成品，而且已经扩展到产品生产过程和产品使用过程中了。

● 康爱丽：这通常是各国政府采用的一种不公开的、不透明的做法。

○ 张　远：技术性贸易壁垒也分成好几种，像什么绿色壁垒、安全壁垒呀。

● 李明明：什么是绿色壁垒？

○ 卡　尔：就是拿保护环境、节约能源什么的做借口，对外国商品的进口设置的准入限制。

● 李明明：那安全壁垒就是以保护人的身体健康和国家安全为理由了？

○ 张　远：说得对。

● 李明明：企业应该怎么应对这些壁垒呢？

○ 卡　尔：要及时了解进口国市场对进口产品标准和质量方面的要求，坚持"以质取胜"。

● 康爱丽：要建立预警机制和快速反应机制。

○ 张　远：谈了这么久，大家还想喝点儿什么？

● 卡尔、康爱丽：不要了。

○ 李明明：哎哟，时间不早了，咱们走吧。

> Yántǎo jiéshù hòu, Zhāng Yuǎn、Lǐ Míngming、Kǎ'ěr、
> Kāng Àilì zài cháguǎn biān hē chá biān liáotiānr.

● Lǐ Míngming: Zhāng Yuǎn, nǐ jīntiān guāng zhǔchí tǎolùn le, yě shuōshuo nǐ zìjǐ de kànfǎ ba.

○ Zhāng Yuǎn: Fǎnqīngxiāo běnlái shì yì zhǒng màoyì bǎohù cuòshī, shì Shìjiè Màoyì Zǔzhī rèndìng hé xǔkě de.

● Kǎ'ěr: Duì, shì yònglái duìfu fēi gōngpíng jìngzhēng de bìyào gōngjù.

○ Zhāng Yuǎn: Tā shì kěyǐ zhìzhǐ qīngxiāo, dànshì, ài……

● Kǎ'ěr: Nǐ xiǎng shuō shénme?

○ Zhāng Yuǎn: Zài guójì jìngzhēng zhōng, tā yǒu kěnéng bèi lànyòng, chéngwéi lìng yì zhǒng fēi guānshuì bìlěi.

● Kāng Àilì: Shuōdào fēi guānshuì bìlěi, tā de zhǔyào biǎoxiàn xíngshì shì jìshùxìng màoyì bìlěi.

○ Zhāng Yuǎn: Mùdì dōu shì xiànzhì jìnkǒu.

● Kāng Àilì: Zhèxiē dōu yǐjīng chéngwéi xīn màoyì bǎohù zhǔyì de zhǔyào shǒuduàn le.

○ Lǐ Míngming: Nà tā yìbān zài nǎxiē fāngmiàn shèzhì màoyì zhàng'ài ne?

● Zhāng Yuǎn: Jìshù zhǐbiāo、wèishēng jiǎnyì、shāngpǐn bāozhuāng hé biāoqiān děng.

○ Lǐ Míngming: Shāngpǐn jìnkǒuguó huì zěnme zuò?

● Kāng Àilì: Zhìdìng jìshù fǎguī、jìshù biāozhǔn jí hégé píngdìng chéngxù.

○ Zhāng Yuǎn: Jìshùxìng bìlěi shèjí de fànwéi bùjǐn shì chéngpǐn, érqiě yǐjīng kuòzhǎn dào chǎnpǐn shēngchǎn guòchéng hé chǎnpǐn shǐyòng guòchéng zhōng le.

● Kāng Àilì: Zhè tōngcháng shì gè guó zhèngfǔ cǎiyòng de yì zhǒng bù gōngkāi de、bú tòumíng de zuòfǎ.

○ Zhāng Yuǎn: Jìshùxìng màoyì bìlěi yě fēnchéng hǎojǐ zhǒng, xiàng shénme lǜsè bìlěi、ānquán bìlěi ya.

● Lǐ Míngming: Shénme shì lǜsè bìlěi?

○ Kǎ'ěr: Jiùshì ná bǎohù huánjìng、jiéyuē néngyuán shénmede zuò jièkǒu, duì wàiguó shāngpǐn de jìnkǒu shèzhì de zhǔnrù xiànzhì.

● Lǐ Míngming: Nà ānquán bìlěi jiùshì yǐ bǎohù rén de shēntǐ jiànkāng hé guójiā ānquán wéi lǐyóu le?

○ Zhāng Yuǎn: Shuō de duì.

● Lǐ Míngming: Qǐyè yīnggāi zěnme yìngduì zhèxiē bìlěi ne?

○ Kǎ'ěr: Yào jíshí liǎojiě jìnkǒuguó shìchǎng duì jìnkǒu chǎnpǐn biāozhǔn hé zhìliàng fāngmiàn de yāoqiú, jiānchí "yǐ zhì qǔ shèng".

● Kāng Àilì: Yào jiànlì yùjǐng jīzhì hé kuàisù fǎnyìng jīzhì.

○ Zhāng Yuǎn: Tánle zhème jiǔ, dàjiā hái xiǎng hē diǎnr shénme?

● Kǎ'ěr、Kāng Àilì: Bú yào le.

○ Lǐ Míngming: Āiyō, shíjiān bù zǎo le, zánmen zǒu ba.

※ · ※

> After the seminar, Zhang Yuan, Li Mingming, Karl and Alice are chatting while having tea in a tea house.

● Li Mingming: Zhang Yuan, you did nothing but presided over the seminar today. Please let us know your opinion.

○ Zhang Yuan: Anti-dumping was originally a trade protection measure, which is recognized and permitted by the World Trade Organization.

● Karl: You're right. It is a necessary tool to deal with unfair competition.

○ Zhang Yuan: It can stop dumping, but, alas...

● Karl: What do you want to say?

○ Zhang Yuan: In international competition, it may be abused and become another kind of non-tariff barrier.

● Alice: Talking about non-tariff barrier, its main manifestation is technical trade barrier.

○ Zhang Yuan: Both aim to restrict import.

● Alice: These have become the main means in new trade protectionism.

○ Li Mingming: What aspects do they usually set up obstacles?

● Zhang Yuan: Technical indicator, health quarantine, the packaging and labeling of commodity, etc.

○ Li Mingming: What will the importing countries do?

● Alice: They will formulate technical regulations and standards and conformity assessment procedures.

○ Zhang Yuan: Technical barriers involve not only the products that has already been produced, but also the products that is being produced or used.

● Alice: This is a undeclared, opaque practice often used by governments.

○ Zhang Yuan: Technical trade barriers are classified into several categories, like green barrier, safety barrier, etc.

● Li Mingming: What is green barrier?

○ Karl: It restricts the import of commodity made in foreign countries by using the excuse such as protecting the environment or saving the energy, etc.

● Li Mingming: Then, does safety barrier use the excuse of protecting people's health and national security?

○ Zhang Yuan: Exactly.

● Li Mingming: How should enterprises deal with these barriers?

○ Karl: They need to know the importing country's latest requirements for the standard and quality of the imported product, insisting on taking the "quality first" policy.

● Alice: And they need to establish the pre-warning and quick response mechanisms.

○ Zhang Yuan: We have talked for quite a long time. What else do you want to drink?

● Karl & Alice: Nothing more.

○ Li Mingming: Oh, it's getting late. Let's go.

生词 Shēngcí New Words

1. 壁垒	bìlěi	N	barrier
2. 光	guāng	Adv	merely
3. 用来	yònglái	V	to use, to employ
4. 对付	duìfu	V	to deal with
5. 工具	gōngjù	N	tool

6. 制止	zhìzhǐ	V	to stop, to prevent
7. 滥用	lànyòng	V	to abuse
8. 关税	guānshuì	N	tariff
9. 设置	shèzhì	V	to set up
10. 障碍	zhàng'ài	N	obstacle
11. 指标	zhǐbiāo	N	index, indicator
12. 卫生	wèishēng	N	hygiene, health
13. 检疫	jiǎnyì	V	to quarantine
14. 标签	biāoqiān	N	label, tag
15. 标准	biāozhǔn	N	standard
16. 评定	píngdìng	V	to assess
17. 扩展	kuòzhǎn	V	to expand, to extend
18. 透明	tòumíng	Adj	transparent, opaque
19. 拿	ná	Prep	*used to introduce the object*
20. 借口	jièkǒu	N	excuse
21. 准入	zhǔnrù	V	to gain access to
22. 健康	jiànkāng	Adj	healthy
23. 理由	lǐyóu	N	reason
24. 应对	yìngduì	V	to respond, to deal with
25. 预警	yùjǐng	V	to warn in advance
26. 快速	kuàisù	Adj	quick
27. 反应	fǎnyìng	V	to respond
28. 哎哟	āiyō	Int	*expressing astonishment, pain or pity*

注释 Zhùshì **Notes**

1 你今天光主持讨论了，也说说你自己的看法吧。

You did nothing but presided over the seminar today. Please let us know your opinion.

"光"，副词，"只、单"的意思，表示限定范围。可以作状语，修饰动词、形容词。例如：

"光" is an adverb meaning "only, just". It is used to restrict the scope. It can function as an adverbial to modify a verb or an adjective. For example,

① 吃饭时，他光吃不说。

② 事情已经这样了，光着急也没用。

③ 他们公司在海外光建立了销售机构，没有建厂。

2 ……像什么绿色壁垒、安全壁垒呀。 ...like green barrier, safety barrier, etc.

"什么"，疑问代词，用在几个并列成分前面，表示列举不尽。后面可以带名词性并列成分，也可以带动词性并列成分。例如：

"什么" is an interrogative pronoun used before several parallel elements to indicate enumeration. It can be followed by nominal or verbal parallel elements. For example,

① 什么苹果呀、葡萄（pútáo, grape）呀，各种水果我都爱吃。

② 什么打篮球、踢足球，很多球类运动他都会。

③ 中国的很多城市，什么上海、广州、北京呀，我都去过。

3 就是拿保护环境、节约能源什么的做借口，……

...by using the excuse such as protecting the environment or saving the energy, etc.

"拿"，介词，引进处置或关涉的对象，相当于"把、对"。后面常常带"当、做、没办法、怎么样"等。例如：

"拿" is a preposition introducing the object being handled or involved. It is equivalent to "把" or "对", and is often followed by the expression such as "当", "做", "没办法", "怎么样", etc. For example,

① 我都是大学生了，你别拿我当小孩儿。

② 他常常拿生病做借口不上班。

③ 我们都拿他没办法。

④ 你们别拿我开玩笑（kāi wánxiào, to make fun of）。

练习 Liànxí **Exercises**

一 跟读生词，注意发音和声调。
Read the new words after the teacher and pay attention to your pronunciation and tones.

二 跟读课文，注意语音语调。
Read the texts after the teacher and pay attention to your pronunciation and intonation.

三 学生分组，分角色朗读课文一、二。
Divide the students into groups and read Texts 1 & 2 in roles.

四 学生分组，不看书，分角色表演课文一、二。
Divide the students into groups and play the roles in Texts 1 & 2 without referring to the book.

五 角色扮演。（提示：角色可以互换。）
Role playing. (Note: the roles can be exchanged.)

根据课文内容，对照下面的表格，请三个人来扮演下面的角色。每个人要根据表格中的提示表达自己对反倾销的看法。

Look at the following table and ask three students to play the following roles according to what is stated in the text. Everyone needs to express how he/she feels about anti-dumping using the expressions given in the table.

卡 尔	不只是……，不同国家、不同行业…… 中国屡遭反倾销指控是因为…… 反倾销可以合法地…… 中国企业要改变……的策略。
李明明	……遭受反倾销指控的最多。 ……让中国成为国际反倾销的最大受害国。 中国要完善……
康爱丽	遭遇反倾销指控的大多是……商品。 反倾销是……的最佳办法。 它容易……，也不容易…… 面对反倾销，要多了解…… 应该争取……

六 复述课文一和课文二。
Retell Texts 1 & 2.

七 替换练习。
Substitution drills.

① 不只是　中国企业　遭到了　反倾销调查。

他	批评
这个方案	反对
一家公司	调查
她们的做法	议论（yìlùn, to comment, to discuss）

② 中国屡遭反倾销指控　就是因为　出口了大量"物美价廉"的商品。

他今天没来上课	感冒了
产品卖不出去	没有市场
这个方案没有通过	老板不同意
昨天没有去长城	下雨了

③ 看来遭遇反倾销　是不可避免的。

工作中出错
早上堵车
死亡（sǐwáng, to die）
看来他们公司的倒闭

④ 你今天　光　主持讨论了，　也说说你自己的看法吧。

人不能	说	不做
她今天	吃水果	不吃饭
你	紧张	也没有用
你们	着急	是解决不了问题的

⑤ 像什么　<u>绿色壁垒、安全壁垒呀，</u>　<u>有好几种</u>。

香蕉、苹果	我都喜欢吃
上海、北京	他都去过
书包、本子	都得买
唱歌、跳舞	她都会

⑥ <u>有些国家</u>　拿　<u>保护环境、节约能源什么的</u>　做借口，　<u>对外国商品的进口设置准入限制</u>。

他常常	生病、不舒服	不去上课
她	工作忙、要出差	不参加同学聚会
她	公司离家远	要父母给她买车
他们	产品的质量	跟对方讨价还价

八　用下面的词语组成句子。

Make sentences with the following words and expressions.

课文一

① 劳动密集型　大多　低附加值　这些　的　商品　是

② 反倾销　进口国　是　最佳　保护　办法　本国产业　的

③ 它　有效　排斥　可以　国外产品　合法　地　的　进口

④ 容易　容易　实施　招来　也不　报复

⑤ 一部分国家　"非市场经济国家"　的　对　中国　认定　那就是　重要　一个　还有　原因

⑥ 了解　法律　多　的　进口国　要

⑦ 要　中国　机制　完善　"前应诉"

8 争取　国家　应该　中国的　让　市场经济地位　承认　更多的

课文二

① 一种　保护　本来　贸易　反倾销　是　措施

② 是　对付　非公平竞争　的　用来　必要工具　反倾销

③ 它　滥用　有可能　另一种　非关税壁垒　被　成为

④ 这些　都已经　的　新贸易保护主义　成为　了　主要手段

⑤ 哪些　它　在　方面　设置　一般　贸易障碍　呢

⑥ 为　人的身体健康　就是　和　以　理由　国家安全　安全壁垒　保护

⑦ 企业　怎么　这些　应对　壁垒　呢　应该

⑧ 预警　快速反应　机制　机制　和　建立　要

九 根据课文内容填空。
Fill in the blanks according to the texts.

① 中国出口欧美市场的＿＿＿＿＿＿＿、＿＿＿＿＿＿＿＿及＿＿＿＿＿＿等商品遭受反倾销指控的最多。

② 这种歧视性的做法、不公正的待遇，让＿＿＿＿＿＿＿＿＿＿＿＿＿＿＿。

③ 企业要改变＿＿＿＿＿＿＿＿＿＿＿＿＿＿＿＿＿的营销战略。

④ 说到非关税贸易壁垒，它的主要表现形式是＿＿＿＿＿＿＿＿＿＿＿＿。

⑤ 安全壁垒就是以＿＿＿＿＿＿＿＿＿＿＿＿＿＿＿＿＿＿为理由。

⑥ 企业要及时了解＿＿＿＿＿＿＿＿＿＿＿＿＿＿＿＿的要求，
坚持＿＿＿＿＿＿＿＿。

十 阅读理解。
Reading comprehension.
　　中国出口的很多"物美价廉"的商品都遭到了反倾销的指控，特别是出口欧美市场的轻工业产品、纺织品及电子产品等商品，这些大多是劳动密集型、低附加值的商品。在国际贸易中，遭遇反倾销是不可避免的。但是，国际社会对中国"非市场经济国家"的认定，使中国成为国际反倾销的最大受害国。反倾销本来是一种贸易保护措施，是进口国保护本国产业的最佳办法，它可以合法、有效地排斥国外产品的进口。反倾销是用来对付非公平竞争的必要工具，但是，它也有可能被滥用，成为另一种非关税壁垒。

选择正确答案：

Choose the right answers:

① 中国出口的哪些商品遭到的反倾销指控最多？ （　　）

    A. 轻工业产品　　　　　B. 纺织品　　　　C. 高科技产品　　D. 电子产品

② 中国成为反倾销最大受害国的一个原因是： （　　）

    A. 国际社会不喜欢中国的产品　　　　B. 中国的产品质量不好

    C. 中国的产品价格很便宜　　　　　　D. 对中国"非市场经济国家"的认定

③ 反倾销的好处有哪些？ （　　）

    A. 保护本国产业　　　　　　　　　　B. 合法、有效地排斥国外产品

    C. 对付不公平竞争　　　　　　　　　D. 制造非关税壁垒

④ 关于反倾销，下列说法错误的是： （　　）

    A. 反倾销是一种贸易保护措施　　　　B. 反倾销可以保护本国产业

    C. 反倾销一直被滥用　　　　　　　　D. 反倾销可以对付非公平竞争

 完成任务。

Complete the tasks.

1. 小组讨论：Group discussion:

   几个人一组，讨论下面的问题：

   Several students work as a group. Discuss the following questions:

   (1) 你怎么看待倾销与反倾销？

      What do you think of dumping and anti-dumping?

(2) 你们国家哪些行业遭到的反倾销指控最多？他们采用了什么对策？

Which industries in your countries under the most anti-dumping charges? What strategies do they use?

(3) 你认为企业应该怎样应对贸易壁垒？

What do you suggest the enterprises should do to deal with trade barrier?

2. 查找资料并报告：Search the information and report:

几个人一组，上网查找一个某国产品被指控倾销的案例，并看看他们是怎么解决的。把你们了解到的情况向老师和同学报告一下。

Several students work as a group. Search the Internet and find a case that a product of a country was charged with dumping. Find out how they solved the problem and report your findings to your teacher and classmates.

生词总表
Vocabulary

（最后一列表示生词所在单元和课号，如"32"表示第三单元课文二）

（The last column indicates the unit number and text number of the new word, for example, "32" indicates the new word is in Text 2, Unit 3.）

	A				
1	哎哟	āiyō	Int	*expressing astonishment, pain or pity*	82
2	安装	ānzhuāng	V	to install	72
3	案件	ànjiàn	N	law case	81

	B				
4	白领	báilǐng	N	white-collar worker	42
5	百分点	bǎifēndiǎn	N	percentage point	21
6	版权	bǎnquán	N	copyright	22
7	办理	bànlǐ	V	to handle	71
8	包含	bāohán	V	to include	22
9	保护	bǎohù	V	to protect	71
10	保修期	bǎoxiūqī	N	warranty period	41
11	保证	bǎozhèng	V	to ensure	11
12	保证金	bǎozhèngjīn	N	bond, deposit	11
13	报道	bàodào	N	report	72
14	报复	bàofù	V	to revenge, to retaliate	81
15	报刊	bàokān	N	newspapers and periodicals	32
16	必要	bìyào	Adj	necessary	22
17	壁垒	bìlěi	N	barrier	82
18	变动	biàndòng	V	to change, to make an alteration	22
19	标签	biāoqiān	N	label, tag	82

20	标书	biāoshū	N	tender paper, bidding document	11
21	标新立异	biāo xīn lì yì		to create something new and original	42
22	标准	biāozhǔn	N	standard	82
23	表决	biǎojué	V	to vote	61
24	病毒	bìngdú	N	virus	72
25	博客	bókè	N	blog	42
26	薄利多销	bó lì duō xiāo		small profit margin but quick turnover	12
27	不敢当	bù gǎndāng		don't deserve it	62
28	不管	bùguǎn	Conj	no matter	62
29	不管三七二十一	bùguǎn sān qī èrshíyī		regardless of the consequences, recklessly	72
30	不光	bùguāng	Conj	not only	61
31	步骤	bùzhòu	N	step	31

C

32	裁决	cáijué	V	to arbitrate	22
33	采购	cǎigòu	V	to purchase	11
34	采取	cǎiqǔ	V	to take, to adopt	22
35	餐具	cānjù	N	tableware	41
36	操心	cāo xīn	V//O	to worry	42
37	产权	chǎnquán	N	property rights	22
38	产业	chǎnyè	N	industry	51
39	长期	chángqī	N	long-term	21
40	厂商	chǎngshāng	N	manufacturer	11
41	超过	chāoguò	V	to exceed	21
42	炒作	chǎozuò	V	to sensationalize, to publicize	42
43	趁	chèn	Prep	take advantage of	71
44	成交额	chéngjiāo'é	N	turnover	21

45	成员	chéngyuán	N	member	81
46	成员国	chéngyuánguó	N	member state	71
47	承认	chéngrèn	V	to admit, to acknowledge	22
48	承受	chéngshòu	V	to bear, to afford	42
49	吃一堑，长一智	chī yí qiàn, zhǎng yí zhì		a fall into the pit, a gain in the wit; experience is the mother of wisdom	72
50	重启	chóngqǐ	V	to restart (a computer)	72
51	抽	chōu	V	to draw out	41
52	抽奖	chōu jiǎng	V//O	to draw lots	41
53	出事	chū shì	V//O	to have an incident	71
54	出手	chū shǒu	V//O	to get going, to get sth. started	51
55	除非	chúfēi	Conj	unless	22
56	创意	chuàngyì	N	creativity, originality	42
57	存在	cúnzài	V	to exist	31
58	措施	cuòshī	N	measure, step	22

D

59	打击	dǎjī	V	to hit, to attack, to crack down	72
60	打响	dǎxiǎng	V	to build up, to win initial success	21
61	打印机	dǎyìnjī	N	printer	12
62	打造	dǎzào	V	to make, to build	61
63	大多	dàduō	Adv	mostly	81
64	大量	dàliàng	Adj	numerous, massive	32
65	代言	dàiyán	V	to speak for, to endorse	42
66	当	dàng	V	to regard as	41
67	导致	dǎozhì	V	to lead to	22
68	到达	dàodá	V	to reach	22
69	倒	dào	Adv	*indicating contrast or concession*	62

70	盗版	dàobǎn	N	piracy	72
71	登陆	dēnglù	V	to enter	61
72	提防	dīfang	V	to be aware of	71
73	地方	dìfāng	N	local administration, local place	22
74	地位	dìwèi	N	position	21
75	地震	dìzhèn	N	earthquake	22
76	点子	diǎnzi	N	idea	42
77	电视台	diànshìtái	N	TV station	42
78	调查	diàochá	V	to investigate	12
79	调研	diàoyán	V	to investigate and research	31
80	定标	dìng biāo	V//O	to choose the successful bidder to award the contract	11
81	定额	dìng'é	N	quota	21
82	定价	dìngjià	N	pricing	12
83	定量	dìngliàng	V	to quantify	32
84	定性	dìngxìng	V	to qualify	32
85	东部	dōngbù	N	east	52
86	董事	dǒngshì	N	trustee, director	61
87	董事长	dǒngshìzhǎng	N	chairman of the board, president	61
88	动机	dòngjī	N	motive, motivation	32
89	独家	dújiā	N	exclusive	21
90	独家代理	dújiā dàilǐ		exclusive agent	21
91	独特	dútè	Adj	unique	42
92	独资	dúzī	Adj	of sole proprietorship	52
93	段	duàn	M	*a measure word*	61
94	对付	duìfu	V	to deal with	82
95	对手	duìshǒu	N	rival	12
96	多亏	duōkuī	V	thanks to	12

F

97	法定	fǎdìng	Adj	legal, statutory	11
98	法规	fǎguī	N	laws and regulations	31
99	法律	fǎlǜ	N	law	71
100	反倾销	fǎnqīngxiāo	V	to take anti-dumping actions	81
101	反应	fǎnyìng	V	to respond	82
102	方案	fāng'àn	N	plan, program	11
103	方法	fāngfǎ	N	method, means	31
104	房地产	fángdìchǎn	N	real estate industry	51
105	访问	fǎngwèn	V	to interview	32
106	纺织品	fǎngzhīpǐn	N	textile	81
107	放宽	fàngkuān	V	to relax, to liberalize	51
108	分贝	fēnbèi	N	decibel (db)	41
109	分发	fēnfā	V	to distribute	31
110	分工	fēngōng	V	to divide the labor	32
111	分会	fēnhuì	N	branch (of a society, association, etc.)	22
112	分析	fēnxī	V	to analyze	31
113	分销	fēnxiāo	V	to distribute	21
114	份额	fèn'é	N	share	61
115	风力发电	fēnglì fādiàn		wind power generation	51
116	风能	fēngnéng	N	wind power	51
117	风险	fēngxiǎn	N	risk	52
118	服务业	fúwùyè	N	service industry	51
119	附加值	fùjiāzhí	N	value-added	81
120	副本	fùběn	N	copy	11

G

121	改善	gǎishàn	V	to improve	52
122	干杯	gān bēi	V//O	to drink a toast	11
123	干旱	gānhàn	N	drought	22
124	赶	gǎn	V	to be busy with, to hurry through	72
125	敢	gǎn	V	to dare	72
126	高新技术	gāoxīn-jìshù		high-technology	51
127	工具	gōngjù	N	tool	82
128	工业	gōngyè	N	industry	22
129	公告	gōnggào	N	notice, announcement	11
130	公开	gōngkāi	Adj	public	12
131	公正	gōngzhèng	Adj	fair	81
132	功课	gōngkè	N	homework	12
133	供应	gōngyìng	V	to supply, to provide	22
134	供应商	gōngyìngshāng	N	supplier	11
135	购买力	gòumǎilì	N	purchasing power	32
136	鼓励	gǔlì	V	to encourage	51
137	关税	guānshuì	N	tariff	82
138	官方	guānfāng	N	official	32
139	光	guāng	Adv	merely	82
140	广大	guǎngdà	Adj	vast	42
141	规章	guīzhāng	N	rule, regulation	22
142	国际化	guójìhuà	V	to become internationalized	61
143	国门	guómén	N	border	71

H

144	孩子	háizi	N	child	41
145	耗	hào	V	to consume	71

146	合法	héfǎ	Adj	legitimate	21
147	合资	hézī	V	to jointly invest	52
148	核准	hézhǔn	V	to examine and approve	22
149	忽视	hūshì	V	to neglect	42
150	壶	hú	N	pot	11
151	话费	huàfèi	N	telephone charge	42
152	话题	huàtí	N	topic, subject	31
153	环保	huánbǎo	N	environmental protection	51
154	黄金	huángjīn	Adj	(*fig.*) prime	42
155	黄金周	huángjīnzhōu	N	Golden Week	41
156	回购	huígòu	V	to buy back	71
157	回头	huítóu	Adv	after a while, a moment later	62
158	回头见	huítóu jiàn		see you later	62
159	汇付	huìfù	V	to remit	21
160	火灾	huǒzāi	N	fire	22
161	货款	huòkuǎn	N	payment (for goods)	21
162	获取	huòqǔ	V	to get	22

J

163	机遇	jīyù	N	chance, opportunity	61
164	机制	jīzhì	N	mechanism	81
165	基础	jīchǔ	N	basis, foundation	22
166	基于	jīyú	Prep	on the basis of	22
167	激烈	jīliè	Adj	intense	41
168	及时	jíshí	Adv	in time	21
169	集中	jízhōng	V	to focus on, to concentrate	52
170	记者	jìzhě	N	journalist	42
171	技术	jìshù	N	technique, technology	61
172	际	jì		occasion	71

173	季度	jìdù	N	quarter of a year	21
174	寄	jì	V	to send	22
175	加大	jiādà	V	to increase, to redouble	21
176	加入	jiārù	V	to join	71
177	佳	jiā	Adj	good, fine	81
178	家电	jiādiàn	N	household appliances	41
179	甲方	jiǎfāng	N	Party A	22
180	价钱	jiàqián	N	price	41
181	价值	jiàzhí	N	value	22
182	检疫	jiǎnyì	V	to quarantine	82
183	见证	jiànzhèng	V	to witness	42
184	间接	jiànjiē	Adj	indirect	22
185	建厂	jiàn chǎng	V O	to set up a factory	61
186	健康	jiànkāng	Adj	healthy	82
187	奖励	jiǎnglì	V	to reward, to award	21
188	交流	jiāoliú	V	to communicate, to exchange	62
189	交纳	jiāonà	V	to pay	11
190	交通	jiāotōng	N	transportation	52
191	脚跟	jiǎogēn	N	heel	61
192	教训	jiàoxun	N	lesson	62
193	接轨	jiē guǐ	V//O	to bring in line with	62
194	街头	jiētóu	N	street	32
195	节能	jiénéng	V	to save energy	51
196	结论	jiélùn	N	conclusion	32
197	借口	jièkǒu	N	excuse	82
198	金融危机	jīnróng wēijī		financial crisis	51
199	金融业	jīnróngyè	N	financial industry	51
200	仅	jǐn	Adv	only, merely	22

201	尽快	jǐnkuài	Adv	as soon as possible	22
202	经费	jīngfèi	N	fund, expenditure	31
203	经销	jīngxiāo	V	to sell on commission	21
204	精美	jīngměi	Adj	exquisite, beautiful	41
205	净售价	jìngshòujià	N	net (selling) price	21
206	竞标	jìng biāo	V//O	to make a competitive bid	11
207	静音	jìngyīn	V	to mute	41
208	救济	jiùjì	V	to succor, to relieve	81
209	就	jiù	Prep	concerning	61
210	举报	jǔbào	V	to inform against	72
211	举措	jǔcuò	N	move, act, measure	81
212	具体来说	jùtǐ lái shuō		specifically	31
213	决策	juécè	N	decision	31
214	决心	juéxīn	N	determination	72
215	均	jūn	Adv	all, without exception	22

K

216	开标	kāi biāo	V//O	to open a sealed bid	11
217	开通	kāitōng	V	to put into operation	72
218	开头	kāi tóu	V//O	to begin, to start	21
219	看法	kànfǎ	N	opinion	81
220	看好	kànhǎo	V	to have an eye on sth., to be interested in sth.	51
221	科学	kēxué	Adj	scientific	32
222	可	kě	Adv	*used for emphasis*	12
223	可行性	kěxíngxìng	N	feasibility	31
224	克服	kèfú	V	to overcome	22
225	课题	kètí	N	issue, topic for discussion	62
226	控股	kòng gǔ	V//O	to hold shares	52

227	控制	kòngzhì	V	to control	22
228	口碑	kǒubēi	N	public praise	41
229	口福	kǒufú	N	gourmet's luck	12
230	快速	kuàisù	Adj	quick	82
231	扩展	kuòzhǎn	V	to expand, to extend	82

L

232	来着	láizhe	Pt	*used at the end of an affirmative sentence or a special question, indicating a past action or state*	72
233	来自	lái zì		to come from	22
234	滥用	lànyòng	V	to abuse	82
235	劳动力	láodònglì	N	labor force	52
236	劳动密集型	láodòng mìjíxíng		labor-intensive	81
237	老人	lǎorén	N	the aged, the elderly	41
238	老字号	lǎozìhao	N	time-honored brand	71
239	类似	lèisì	V	to be similar	21
240	理由	lǐyóu	N	reason	82
241	力度	lìdù	N	effort	21
242	利润	lìrùn	N	profit	12
243	两下子	liǎngxiàzi	N	skill, ability	61
244	聊	liáo	V	to talk, to chat	31
245	列	liè	V	to list	22
246	零部件	líng-bùjiàn		parts and components	81
247	领域	lǐngyù	N	area, field	51
248	令	lìng	V	to make	21
249	屡	lǚ	Adv	repeatedly, frequently	81
250	履约	lǚyuē	V	to keep a promise, to fulfill a contract	12

251	绿茶	lǜchá	N	green tea	11
252	论坛	lùntán	N	forum	42
253	论文	lùnwén	N	thesis	72

M

254	买主	mǎizhǔ	N	buyer, purchaser	22
255	卖点	màidiǎn	N	selling point	42
256	满	mǎn	V	to reach	41
257	盲目	mángmù	Adj	blind, aimless	31
258	冒	mào	V	to run (the risk of)	61
259	没戏	méi xì	V//O	not to stand a chance	12
260	媒介	méijiè	N	media	42
261	门	mén	M	*a measure word for fields of study or technical training*	12
262	门口	ménkǒu	N	entrance	41
263	秘诀	mìjué	N	secret	12
264	面对	miànduì	V	to face, to confront	81
265	名牌	míngpái	N	name brand	41
266	名人	míngrén	N	famous person, celebrity	42
267	明摆着	míngbǎizhe	V	to be obvious	72
268	明确	míngquè	V	to make clear	31
269	明星	míngxīng	N	star	72
270	目录	mùlù	N	catalog, list	51

N

271	拿	ná	Prep	*used to introduce the object*	82
272	拿手	náshǒu	Adj	adept, good at	62
273	内容	nèiróng	N	content	22
274	能源	néngyuán	N	energy	51

| 275 | 年终 | niánzhōng | N | end of a year | 21 |
| 276 | 女士 | nǚshì | N | lady | 81 |

O

| 277 | 哦 | ó | Int | *expressing doubt* | 52 |

P

278	排斥	páichì	V	to exclude	81
279	赔本	péi běn	V//O	to suffer a financial loss	12
280	配合	pèihé	V	to coordinate with	42
281	配套	pèi tào	V//O	to accompany	12
282	聘请	pìnqǐng	V	to invite, to ask	61
283	平等	píngděng	Adj	equal	22
284	平面媒体	píngmiàn méitǐ		print media	42
285	平时	píngshí	N	at normal times, on normal days	41
286	评标	píngbiāo	V	to make an evaluation of bid	11
287	评定	píngdìng	V	to assess	82

Q

288	期满	qīmǎn	V	to expire	22
289	其	qí	Pr	his, her, its, their; he, she, it, they	22
290	其次	qícì	Pr	secondly	31
291	歧视	qíshì	V	to discriminate	81
292	启发	qǐfā	V	to inspire	42
293	起	qǐ	M	*a measure word*	81
294	汽车	qìchē	N	automobile, car	51
295	千载难逢	qiān zǎi nán féng		very rare, occur once in a thousand years, once in a blue moon	61
296	签署	qiānshǔ	V	to sign	22

297	潜力	qiánlì	N	potential	52
298	抢注	qiǎngzhù	V	to pre-register	71
299	侵权	qīnquán	V	to infringe	22
300	轻工业	qīnggōngyè	N	light industry	81
301	倾向	qīngxiàng	N	tendency	42
302	区域	qūyù	N	area	22
303	趋势	qūshì	N	trend, tendency	22
304	全方位	quánfāngwèi	N	comprehensive	32
305	全球	quánqiú	N	the whole world	81
306	权	quán	N	authority, right	22
307	权益	quányì	N	rights and interests	21
308	缺乏	quēfá	V	to be short of, to lack	71
309	确立	quèlì	V	to establish firmly	21

R

310	热烈	rèliè	Adj	hot	81
311	人群	rénqún	N	crowd	42
312	人山人海	rén shān rén hǎi		a huge crowd of people	41
313	人手	rénshǒu	N	manpower	32
314	认定	rèndìng	V	to identify, to deem	81
315	认可	rènkě	V	to approve	71
316	任何	rènhé	Pr	any	22
317	容量	róngliàng	N	capacity	32
318	融入	róngrù	V	to blend in, to integrate into	62
319	如期	rúqī	Adv	on schedule, on time	22
320	入手	rùshǒu	V	to start or begin	32
321	入乡随俗	rù xiāng suí sú		when in Rome, do as the Romans do	62
322	软广告	ruǎnguǎnggào	N	soft advertising	42

S

323	扫描仪	sǎomiáoyí	N	scanner	12
324	商标	shāngbiāo	N	trademark	22
325	商标法	shāngbiāofǎ	N	trademark act	71
326	商家	shāngjiā	N	firm	22
327	商情	shāngqíng	N	market condition	22
328	少不了	shǎobuliǎo	V	cannot do without	42
329	设立	shèlì	V	to establish, to set up	61
330	设置	shèzhì	V	to set up	82
331	涉及	shèjí	V	to involve	81
332	深加工	shēnjiāgōng	V	to further process	51
333	深刻	shēnkè	Adj	deep	71
334	慎重	shènzhòng	Adj	prudent, careful	61
335	生效	shēng xiào	V//O	to become effective, to come into effect	22
336	声像	shēngxiàng	N	audio and video	22
337	时段	shíduàn	N	period of time	42
338	实惠	shíhuì	N	material benefit	42
339	实际	shíjì	Adj	practical, realistic	61
340	实施	shíshī	V	to carry out	22
341	事件	shìjiàn	N	event	22
342	事先	shìxiān	N	in advance	22
343	事宜	shìyí	N	matters concerned	21
344	视频	shìpín	N	video	42
345	是否	shìfǒu	Adv	yes or no, for or against	61
346	适应	shìyìng	V	to adapt, to suit	62
347	收取	shōuqǔ	V	to collect	21
348	收入	shōurù	N	income	32

349	收视率	shōushìlǜ	N	audience rating	42
350	手段	shǒuduàn	N	method, means	32
351	受	shòu	V	to be subjected to	22
352	受害	shòu hài	V//O	to suffer from	81
353	授权委托书	shòuquán wěituōshū		letter of attorney	11
354	授予	shòuyǔ	V	to grant	22
355	售后服务	shòuhòu fúwù		after-sale service	12
356	书本知识	shūběn zhīshi		book knowledge	12
357	数据	shùjù	N	data	32
358	摔	shuāi	V	to drop	42
359	水果	shuǐguǒ	N	fruit	62
360	水灾	shuǐzāi	N	flood	22
361	税收	shuìshōu	N	revenue (from tax)	52
362	税务登记证	shuìwù dēngjìzhèng		tax registration certificate	11
363	睡眠	shuìmián	N	sleep, slumber	41
364	思路	sīlù	N	train of thought	42
365	死机	sǐjī	V	(computer) to crash	72
366	随机应变	suí jī yìng biàn		to adapt to the actual situation, to play to the score	12

T

367	态度	tàidu	N	attitude	32
368	坦率	tǎnshuài	Adj	frank	21
369	讨价还价	tǎo jià huán jià		to bargain	12
370	特别	tèbié	Adv	especially	32
371	体验	tǐyàn	V	to experience	41
372	替	tì	Prep	for	42
373	填写	tiánxiě	V	to fill in, to fill out	31

374	条件	tiáojiàn	N	condition	22
375	挑战	tiǎo zhàn	V//O	to challenge	61
376	通常	tōngcháng	Adj	usual	21
377	通过	tōngguò	V	to pass	61
378	统一	tǒngyī	Adj	unified	72
379	头脑	tóunǎo	N	head, mind	12
380	投标	tóu biāo	V//O	to enter a bid	11
381	投标人	tóubiāorén	N	tenderer, bidder	11
382	投入	tóurù	V	to put in	21
383	投诉	tóusù	V	to complain	72
384	投资	tóu zī	V//O	to invest	51
385	透明	tòumíng	Adj	transparent, opaque	82
386	图	tú	V	to pursue	72
387	土地	tǔdì	N	land	52
388	推进	tuījìn	V	to impel, to advance	42
389	退还	tuìhuán	V	to return, to refund	12
	W				
390	外商	wàishāng	N	foreign businessman	51
391	弯路	wānlù	N	crooked road, (*fig.*) waste of time and effort due to improper method in work or study	61
392	完善	wánshàn	V	to improve, to perfect	81
393	晚会	wǎnhuì	N	evening party	72
394	万事	wànshì	N	everything	21
395	网点	wǎngdiǎn	N	sales network, outlet	32
396	为	wéi	Prep	*used in passive voice*	22
397	违背	wéibèi	V	to disobey, to violate	22
398	维护	wéihù	V	to safeguard, to protect	72

399	委任	wěirèn	V	to appoint	22
400	委托人	wěituōrén	N	client	21
401	委员会	wěiyuánhuì	N	committee	11
402	卫生	wèishēng	N	hygiene, health	82
403	文艺	wényì	N	art and literature, recreation	72
404	问卷	wènjuàn	N	questionnaire	31
405	五一	Wǔ-Yī	N	May 1st, Labor Day	41

X

406	吸引力	xīyǐnlì	N	attraction	42
407	系统	xìtǒng	N	system	72
408	细分	xìfēn	V	to subdivide	32
409	先生	xiānsheng	N	gentleman, sir	81
410	现行	xiànxíng	Adj	currently in effect	22
411	限于	xiànyú	V	to be restricted to	22
412	限制	xiànzhì	V	to limit, to restrict	22
413	相反	xiāng fǎn		opposite	22
414	向	xiàng	Prep	to, towards	22
415	销售额	xiāoshòu'é	N	sales	21
416	协定	xiédìng	N	agreement	71
417	协议	xiéyì	N	agreement	21
418	协助	xiézhù	V	to assist	22
419	新闻	xīnwén	N	news	51
420	性价比	xìngjiàbǐ	N	cost performance	41
421	雄厚	xiónghòu	Adj	abundant, ample	61
422	修订	xiūdìng	V	to revise, to amend	51
423	学问	xuéwèn	N	knowledge, learning	31
424	询价	xún jià	V//O	to inquire the price	22

425	询问	xúnwèn	V	to inquire, to ask	31

Y

426	压	yā	V	to hold down	12
427	延长	yáncháng	V	to prolong, to extend	21
428	研究	yánjiū	V	to study, to research	12
429	眼下	yǎnxià	N	at the moment, at present	61
430	养成	yǎngchéng	V	to get into (a habit)	72
431	样本	yàngběn	N	specimen, sample	32
432	邀请	yāoqǐng	V	to invite	12
433	邀请函	yāoqǐnghán	N	letter of invitation	12
434	要不	yàobù	Conj	or, otherwise	62
435	业绩	yèjì	N	performance, accomplishment	21
436	一等奖	yīděngjiǎng	N	the first prize	41
437	一流	yīliú	Adj	first-class	42
438	一旦	yídàn	Adv	once, as soon as, if	22
439	乙方	yǐfāng	N	Party B	22
440	以及	yǐjí	Conj	and, along with	22
441	以外	yǐwài	N	beyond	21
442	一举两得	yì jǔ liǎng dé		to gain two advantages by a single move, to kill two birds with one stone	11
443	一言为定	yì yán wéi dìng		a promise is a promise, that's a deal	62
444	亿	yì	Nu	a hundred million	81
445	艺术	yìshù	N	art	12
446	议题	yìtí	N	topic for discussion	61
447	异国	yìguó	N	foreign country	62
448	意见	yìjiàn	N	opinion	22
449	引导	yǐndǎo	V	to guide, to lead	42

450	引起	yǐnqǐ	V	to arise	22
451	印刷	yìnshuā	V	to print	72
452	印象	yìnxiàng	N	impression	71
453	营业执照	yíngyè zhízhào		business license	11
454	应标	yìng biāo	V//O	to respond to offer of tender	11
455	应对	yìngduì	V	to respond, to deal with	82
456	应诉	yìng sù	V//O	to respond to a charge	81
457	硬件	yìngjiàn	N	hardware, (*fig.*) mechanical equipment or materials esp. used in production	62
458	哟	yo	Pt	*used at the end of a sentence to express an imperative tone*	52
459	拥有	yōngyǒu	V	to have, to possess	22
460	用来	yònglái	V	to use, to employ	82
461	佣金	yòngjīn	N	commission	21
462	佣金率	yòngjīnlǜ	N	commission rate	21
463	有关	yǒuguān	V	to have sth. to do with, to relate	22
464	有限公司	yǒuxiàn gōngsī		limited company	51
465	玉米	yùmǐ	N	corn	51
466	预见	yùjiàn	V	to foresee	22
467	预警	yùjǐng	V	to warn in advance	82
468	预期	yùqī	V	to expect	42
469	预审	yùshěn	V	to conduct pre-qualification	11
470	预祝	yùzhù	V	to wish	11
471	原材料	yuáncáiliào	N	raw material	61
472	愿意	yuànyì	V	to be willing to	71
473	约束力	yuēshùlì	N	force of constraint, binding force	22
474	运作	yùnzuò	V	to operate	42

Z

475	暂时	zànshí	Adj	temporary	22
476	遭到	zāodào	V	to encounter	81
477	遭受	zāoshòu	V	to suffer from	81
478	遭遇	zāoyù	V	to encounter	81
479	糟糕	zāogāo	Adj	too bad	72
480	噪声	zàoshēng	N	noise	41
481	赠送	zèngsòng	V	to give as a present	41
482	占	zhàn	V	to occupy, to take up	61
483	战略	zhànlüè	N	strategy	52
484	战争	zhànzhēng	N	war	22
485	站稳	zhànwěn	V	to stand firm	61
486	障碍	zhàng'ài	N	obstacle	82
487	招	zhāo	V	to attract, to cause	81
488	招标	zhāo biāo	V//O	to invite tenders	11
489	招标方	zhāobiāofāng	N	tendering party	11
490	招标人	zhāobiāorén	N	tenderee	11
491	招揽	zhāolǎn	V	to solicit	21
492	整机	zhěngjī	N	the whole machine	41
493	正版	zhèngbǎn	N	genuine copy	72
494	正式	zhèngshì	Adj	official, formal	31
495	政策	zhèngcè	N	policy	31
496	政府	zhèngfǔ	N	government	22
497	知名度	zhīmíngdù	N	popularity	11
498	知识产权	zhīshi chǎnquán		intellectual property	72
499	职业	zhíyè	N	occupation, job	32
500	指标	zhǐbiāo	N	index, indicator	82
501	指控	zhǐkòng	V	to accuse, to charge	81

502	至少	zhìshǎo	Adv	at least	22
503	制造	zhìzào	V	to manufacture	51
504	制造商	zhìzàoshāng	N	manufacturer	12
505	制造业	zhìzàoyè	N	manufacturing industry	51
506	制止	zhìzhǐ	V	to stop, to prevent	82
507	中西部	zhōng-xībù		mid-west	52
508	终止	zhōngzhǐ	V	to stop	22
509	中标	zhòng biāo	V//O	to win a bid	12
510	中奖率	zhòngjiǎnglǜ	N	winning rate	41
511	众所周知	zhòng suǒ zhōu zhī		as everyone knows	61
512	逐步	zhúbù	Adv	step by step	62
513	主讲人	zhǔjiǎngrén	N	keynote speaker	71
514	主义	zhǔyì	N	doctrine, -ism	81
515	主意	zhǔyi	N	idea	42
516	注册	zhùcè	V	to register	71
517	抓住	zhuāzhù	V	to catch hold of, to take	52
518	专利	zhuānlì	N	patent	22
519	专业	zhuānyè	Adj	professional	31
520	转交	zhuǎnjiāo	V	to transfer to, to pass on	22
521	转移	zhuǎnyí	V	to transfer	52
522	撰写	zhuànxiě	V	to write	32
523	壮大	zhuàngdà	Adj / V	expanding; to grow in strength	61
524	状况	zhuàngkuàng	N	condition, situation	32
525	准确	zhǔnquè	Adj	precise, accurate	32
526	准入	zhǔnrù	V	to gain access to	82
527	资格	zīgé	N	qualification	11
528	资源	zīyuán	N	resource	52

529	自主	zìzhǔ	V	to act on one's own	61
530	总数	zǒngshù	N	total amount	81
531	走	zǒu	V	to go through (law proceedings)	71
532	组建	zǔjiàn	V	to form	11
533	钻空子	zuān kòngzi		to exploit an advantage	71
534	做法	zuòfǎ	N	practice	81

专有名词
Proper Nouns

A				
1	阿迪达斯	Ādídásī	a brand named after the founder of the company	32
D				
2	大连	Dàlián	Dalian, a city of China	52
G				
3	工人剧场	Gōngrén Jùchǎng	name of a theater	72
4	狗不理	Gǒubùlǐ	a time-honored Chinese restaurant	71
H				
5	海尔集团	Hǎi'ěr Jítuán	Haier Group	61
6	湖南卫视	Húnán Wèishì	Hunan Satellite TV	42
L				
7	李宁	Lǐ Níng	a brand named after the founder of the company, a well-known Chinese gymnast and entrepreneur	32
8	刘	Liú	a surname	32
M				
9	《马德里协定》	《Mǎdélǐ Xiédìng》	Madrid Agreement for International Registration of Trademarks	71
N				
10	耐克	Nàikè	Nike, name of a brand	32

O				
11	欧美	Ōu-Měi	Europe and America	81
S				
12	山东	Shāndōng	Shandong Province of China	51
13	世界知识产权日	Shìjiè Zhīshi Chǎnquán Rì	the World Intellectual Property Day	72
14	世贸组织（世界贸易组织）	Shì-Mào Zǔzhī（Shìjiè Màoyì Zǔzhī）	WTO (World Trade Organization)	71
X				
15	西尔萨·波特	Xī'ěrsà Bōtè	name of a Spanish company	51
Y				
16	央视	Yāngshì	CCTV (China Central Television)	42
Z				
17	中国保护知识产权网	Zhōngguó Bǎohù Zhīshi Chǎnquán Wǎng	name of an official website	72
18	中国采购与招标网	Zhōngguó Cǎigòu yǔ Zhāobiāo Wǎng	www. chinabidding. com. cn	11
19	中国国际经济贸易仲裁委员会	Zhōngguó Guójì Jīngjì Màoyì Zhòngcái Wěiyuánhuì	China International Economic and Trade Arbitration Commission	22
20	中华人民共和国招标投标法	Zhōnghuá Rénmín Gònghéguó Zhāobiāo Tóubiāo Fǎ	Law of the People's Republic of China on Tenders and Bids	11

Step-by-Step Chinese Reading for Practical Purposes

崔永华 总主编

- **开本：** 小16开
- **注释文种：** 英文/韩文/日文

　　本套丛书根据《汉语水平词汇与汉字等级大纲》分为甲、乙、丙、丁四个等级，可以由学生根据自己的汉语水平选择合适的分册。书中的文章多选自报纸和杂志，内容涉及中国的现状和中国人生活的方方面面。本套丛书可以帮助学生更好地认读汉字、识记生词，提高汉语水平，增加对中国的了解。

甲级读本 Level 1

书　　名		相关话题
我在中国的那些日子	When I was in China	留学生活
我在中国的那些日子2	When I was in China 2	留学生活

乙级读本 Level 2

书　　名		相关话题
从"一窍不通"到"胸有成竹"	From a Layman to a Professional	成语故事
从"坐井观天"到"鹏程万里"	From the Bottom to the Top	成语故事
中国人有趣的实话实说	Chinese People Like to Speak the Truth	中国人
中国人喜欢跳舞	Chinese People Like to Dance	中国事
中国的"负翁"越来越多	There Are More and More Indebted Persons in China	中国经济
中国教育跟西方不一样	China's Education is Different from that of Western Countries	中国教育
我当上了中国女婿	I Married a Chinese Girl	中国情感
砍价是一种享受	Bargaining Is a Kind of Enjoyment	生活感悟
我是世界上最幽默的人	I'm the Most Humorous Person in the World	语言·文化

丙级读本 Level 3

书　　名		相关话题
用明天的钱，实现今天的梦	Use Tomorrow's Money to Fulfil Today's Dream	中国经济·生活

汉语1000常用字
1000 Frequently Used Chinese Characters

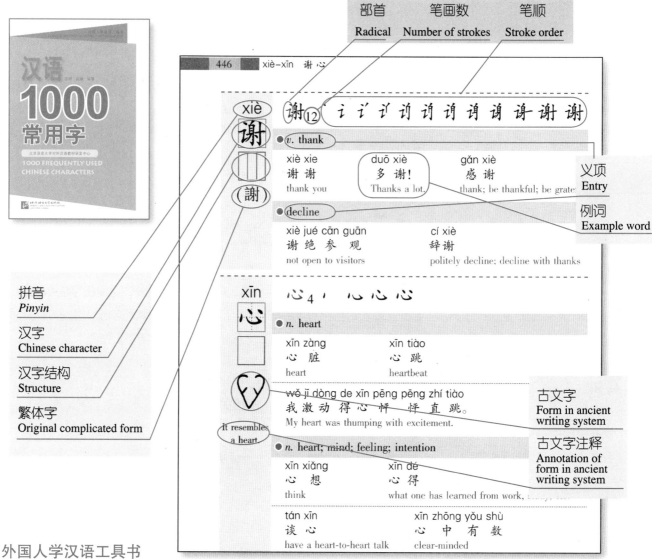

部首　Radical
笔画数　Number of strokes
笔顺　Stroke order

拼音　Pinyin
汉字　Chinese character
汉字结构　Structure
繁体字　Original complicated form

义项　Entry
例词　Example word
古文字　Form in ancient writing system
古文字注释　Annotation of form in ancient writing system

446　xiè–xīn　谢心

谢 (12) 讠 讠 讠 讠 讠 讠 讠 讠 讠 谢 谢

v. thank

xiè xie 谢谢　thank you
duō xiè 多谢!　Thanks a lot.
gǎn xiè 感谢　thank; be thankful; be grate[...]

decline

xiè jué cān guān 谢绝参观　not open to visitors
cí xiè 辞谢　politely decline; decline with thanks

心 4 丶 心 心 心

n. heart

xīn zàng 心脏　heart
xīn tiào 心跳　heartbeat

wǒ jī dòng de xīn pēng pēng zhí tiào 我激动得心怦怦直跳。　My heart was thumping with excitement.

It resembles a heart

n. heart; mind; feeling; intention

xīn xiǎng 心想　think
xīn dé 心得　what one has learned from work, [...]

tán xīn 谈心　have a heart-to-heart talk
xīn zhōng yǒu shù 心中有数　clear-minded

外国人学汉语工具书
CHINESE REFERENCE SERIES FOR FOREIGNERS

- 收录最常用汉字1000个。

  With 1000 most frequently used Chinese characters

- 例词、例句简单实用，贴近生活。

  With example words and sentences that are simple, practical and close to life

- 提供音序、笔画、部首多种检字法，便于检索。

  With multiple indexing systems to help locate the characters, including phonetic indexing, stroke indexing and radical indexing

ISBN 978-7-5619-2703-8
定价：55.00元